U0456986

2023

能源互联网发展
分析报告

国网能源研究院有限公司　编著

中国电力出版社
CHINA ELECTRIC POWER PRESS

图书在版编目（CIP）数据

能源互联网发展分析报告.2023/国网能源研究院有限公司编著.—北京：中国电力出版社，2024.2
ISBN 978-7-5198-8592-2

Ⅰ.①能… Ⅱ.①国… Ⅲ.①互联网络－应用－能源发展－研究报告－世界－2023　Ⅳ.①F416.2-39

中国国家版本馆 CIP 数据核字（2024）第 025571 号

出版发行：中国电力出版社
地　　址：北京市东城区北京站西街 19 号（邮政编码 100005）
网　　址：http://www.cepp.sgcc.com.cn
责任编辑：刘汝青（010-63412382）　畅　舒
责任校对：黄　蓓　常燕昆
装帧设计：赵姗姗
责任印制：吴　迪

印　　刷：三河市万龙印装有限公司
版　　次：2024 年 2 月第一版
印　　次：2024 年 2 月北京第一次印刷
开　　本：787 毫米×1092 毫米　16 开本
印　　张：7.5
字　　数：102 千字
印　　数：0001—1500 册
定　　价：168.00 元

声　　明

一、本报告著作权归国网能源研究院有限公司单独所有，未经公司书面同意，任何个人或单位都不得引用、转载、摘抄。

二、本报告中梳理国内外能源互联网发展政策、技术创新、示范建设等均来自报告文末所列参考文献，如对参考文献的解读有不足、不妥或理解错误之处，敬请谅解，烦请参考文献的作者随时指正。

序 言

经过一年来的艰辛探索和不懈努力，国网能源研究院有限公司（简称国网能源院）遵循智库本质规律，思想建院、理论强院，更加坚定地踏上建设世界一流高端智库的新征程。百年变局，复兴伟业，使能源安全成为须臾不可忽视的"国之大者"，能源智库需要给出思想进取的回应、理论进步的响应。因此，对已经形成的年度分析报告系列，谋划做出了一些创新的改变，力争让智库的价值贡献更有辨识度。

在 2023 年度分析报告的选题策划上，立足转型，把握大势，围绕碳达峰碳中和路径、新型能源体系、电力供需、电源发展、新能源发电、电力市场化改革等重点领域深化研究，围绕世界 500 强电力企业、能源电力企业数字化转型等特色领域深度解析。国网能源院以"真研究问题"的态度，努力"研究真问题"。我们的期望是真诚的，不求四平八稳地泛泛而谈，虽以一家之言，但求激发业界共同思考，在一些判断和结论上，一定有不成熟之处。对此，所有参与报告研究编写的研究者，没有对鲜明的看法做模糊圆滑的处理，我们对批评指正的期待同样是真诚的。

在我国能源发展面临严峻复杂内外部形势的关键时刻，国网能源院对"能源的饭碗必须端在自己手里"，充满刻骨铭心的忧患意识和前所未有的责任感，为中国能源事业当好思想先锋，是智库走出认知"舒适区"的勇敢担当。我们深知，"积力之所举，则无不胜也；众智之所为，则无不成也。"国网能源院愿与更多志同道合的有志之士，共同完成中国能源革命这份"国之大者"的答卷。

国网能源研究院有限公司

2023 年 12 月

前　言

　　2023 年《能源互联网发展分析报告》是团队第 5 年的研究成果。在 2015 年国网能源院能源互联网研究团队成立时，文献资料并不多，实践案例就更少，积累的开始和过程犹如"创业"。直到 2019 年，研究团队厚积薄发，首次出版了《国内外能源互联网发展分析报告》，这是勇敢的第一步。从此，一步一步，把这样一件事坚持做了 5 年，离"十年磨一剑"，我们还有很长的路要走。

　　"能源互联网"一词从其出现之日就寄托着人类对未来能源系统的想象和希望。一路走来，研究团队见证着"能源互联网"这一新兴名词的发展与成长，从文学作品中萌生，在国家文件中正式提出，在建设实施中摸索应用，从一个抽象的概念名词逐步发展为内涵丰富、外延广阔、"有血有肉"的实体。纵观其发展，从国家能源局首批"互联网+"智慧能源（能源互联网）示范项目验收，到各类市场主体"百花齐放"积极布局能源互联网产业，共建共享能源互联网生态圈，更觉能源互联网的发展是在探索中前行，在实践中历练，展示着它顽强的生命力。广袤大地上如星星之火的各类能源能否真正互联形成燎原之势？下一个十年，更值得期待。

　　研究团队认为，能源互联网是能源基础设施与先进能源技术、现代信息通信技术和控制技术深度融合形成的能源系统，是能源领域全要素全面连接的价值创造平台和生态体系，是信息物理系统在能源领域的具体实现形式。当前，随着新型电力系统、新型能源体系以及新型电网的相继提出，"能源互联网"更表现出其与时俱进的包容性和综合性，而对于今年《能源互联网发展分析报告》，这将是着重讨论的一个重点。

　　本报告共分为 4 章。第 1 章从发展战略与规划、科技计划与研发布局、市场机制三个维度梳理了国内外能源互联网发展的政策环境；第 2 章从先进能源技术、能源数字融合技术、应用支撑技术三个维度梳理了能源互联网领域内代表性关键技术的发展现状和发展趋势；第 3 章基于能源互联网的建设特点，分类梳理了国内外示范工程的建设情况；第 4 章综合研判了近期能源互联网的发展趋势。

"文章千古事，得失寸心知。"研究团队将秉承"真研究问题，研究真问题"的工作态度，以"麻雀解剖"式的研究方法，持续深耕能源互联网在概念内涵、政策环境、技术进步、模式创新、实践应用等方面的丰富发展，以研究的定力给业界以思想价值的贡献。

限于作者水平，虽然对书稿进行了反复研究推敲，但难免仍会存在疏漏与不足之处，期待读者批评指正！

编著者

2023 年 12 月

目　录

概　　述

　　全球能源危机愈演愈烈。2022 年以来，全球性能源供应紧张、国际能源价格波动频繁，国际能源署在《2022 年世界能源展望》中将其判定为"一次真正意义上的全球性能源危机，冲击广度和复杂性前所未有"。2023 年，叠加地缘冲突、气候变化、汇率波动等多种因素影响，全球能源危机依然存在。但危机孕育机遇，各国纷纷加快了清洁能源的开发利用，正如国际能源署署长法提赫·比罗尔认为，当下的能源危机或将成为全球能源系统更清洁、更安全的历史转折点。

　　全球能源危机背景下，发展能源互联网引领能源绿色低碳转型逐渐成为共识。中国政府提出加快规划建设新型能源体系和加快构建新型电力系统，为能源电力高质量发展指明了前进方向。2022 年 10 月，中国共产党第二十次全国代表大会提出，要深入推进能源革命，加强煤炭清洁高效利用，加大油气资源勘探开发和增储上产力度，加快规划建设新型能源体系，统筹水电开发和生态保护，积极安全有序发展核电，加强能源产供储销体系建设，确保能源安全。其中，加快规划建设新型能源体系是以有力支持全面建成社会主义现代化强国为目标，统筹能源安全供应稳定和绿色低碳发展，对能源领域未来发展提出的重要战略安排。2023 年 7 月，中央全面深化改革委员会第二次会议审议通过《关于深化电力体制改革加快构建新型电力系统的指导意见》，强调要深化电力体制改革，加快构建清洁低碳、安全充裕、经济高效、供需协同、灵活智能的新型电力系统，更好推动能源生产和消费革命，保障国家能源安全，进一步明确了新型电力系统的构建方向。

1

能源电力发展新形势赋予了能源互联网更丰富的内涵和更明确的发展要求。中国积极稳妥推进碳达峰碳中和，要求能源互联网在统筹发展与安全，尤其在能源领域统筹保供与转型中发挥更大作用。新形势下能源互联网的发展将主要表现为4个"更加注重"。

一是更加注重能源安全保供。习近平总书记指出，能源保障和安全事关国计民生，是须臾不可忽视的"国之大者"。能源是工业的粮食、国民经济的命脉，关系到国计民生和国家安全。能源互联网的发展，坚持先立后破、通盘谋划，在源端要通过多能互补支持煤炭清洁高效利用，推动煤电与新能源、新能源与灵活调节电源、本地电源与外来电优化组合；在荷端要深挖各类可调节资源，推动各类工商业负荷、电动汽车充电网络、虚拟电厂等参与削峰填谷，合力保障能源电力安全可靠供应。

二是更加注重绿色低碳转型。习近平总书记指出，要把促进新能源和清洁能源发展放在更加突出的位置。2022年，随着能源革命深入推进，我国可再生能源发展实现新突破，装机总量历史性超过煤电装机容量，进入大规模高质量跃升发展新阶段。能源互联网的发展，要进一步推动风能、太阳能与化石能源的协调配置，通过大范围优化配置和就地就近消纳等方式支撑更高比例可再生能源利用，提升系统调节能力。

三是更加注重科技创新变革。习近平总书记指出，要加快推动关键技术、核心产品迭代升级和新技术智慧赋能，提高国家能源安全和保障能力。加快规划建设新型能源体系必然是一条科技创新之路，科技创新是发挥引领和支撑作用的第一动力。能源互联网的发展，要着力于关键核心技术的应用、创新与突破，先进的发输配用电技术将推动一次能源供应结构变革，打破能源耦合的物理壁垒；人工智能、数字孪生、物联网、区块链等数字技术在能源领域的创新应用，将打通不同主体间信息壁垒，带动能源网络各环节的互联互动互补；此外，为应对风光等新能源发电的不稳定性和冲击，也需加快储能技术突破，助力能源互联网实现源网荷储协同。

四是更加注重机制模式建设。中央全面深化改革委员会第二次会议强调，要健全适应新型电力系统的体制机制，推动加强电力技术创新、市场机制创新、商业模式创新。随着电力市场的发展，催生了储能、氢能、虚拟电厂、负荷聚合商等新的市场主体，同时新能源产消一体、负荷聚合服务、综合能源服务等终端用户的新业态新模式不断涌现。能源互联网的发展，要以机制和模式创新为实现价值创造的重要抓手，加强与相关能源市场的协同运营，推动形成各方友好互动、资源配置高效的市场体系，支撑建设新型能源体系和新型电力系统。

2023年能源互联网发展分析报告将围绕发展政策、技术创新、示范建设三条主线，综合研判能源互联网的发展趋势。报告的主要结论和观点如下：

（1）发展政策方面，世界范围内主要国家/地区聚焦能源转型和能源互联网发展，均注重出台相关政策法规以推动能源绿色低碳、安全供应、经济可行，但基于自身禀赋和能源系统特点各有侧重。

1）美国、欧盟、日本等主要国家/地区率先开展了对未来能源系统的探索，经过多年的理论研究与实践创新，在推动能源转型和建设智能电网的过程中，逐步形成以集中式与分布式并举、微电网与大电网协同、电热冷气氢多能互补、数字化转型为重点领域的能源互联网发展方向。政策发展导向整体可分为加强能源电力网架建设、推动能源数字技术融合应用、完善能源电力市场体制机制三类。具体来看，美国重视智能电网和综合能源系统的建设，从技术示范、标准制定、评估分析、税收减免、资金支持等多角度给予政策支持，多措并举加强能源基础设施建设，全面提升能源系统"韧性"；欧盟侧重于建设经济高效、深度脱碳的能源系统和机制不断完善的能源电力市场，并将构建综合能源系统视为向绿色能源转型的框架，在跨系统集成、欧洲电力市场建设、可再生能源并网、数字化解决方案、系统灵活性提升等领域进行研发投入；日本以"氢能社会"为愿景，以氢能为纽带连接能源生产和消费，推动电热冷气氢多能互补，通过技术创新发展能源互联网，加大在氢能、可再生能源、电网等领域的发展力度。

2）中国能源互联网经过"十三五"时期的探索发展，基本形成了以顶层设计为引领、新兴技术应用为动力、市场机制完善为保障的能源互联网发展宏观政策环境。顶层设计方面的政策发展重点主要包括持续提升能源互联网多能互补协同、源网荷储互动能力，更大规模支撑高比例清洁能源可靠消纳，进一步提升能源安全供应能力等方面。新兴技术方面的政策发展重点主要包括加快战略性、前瞻性电网核心技术攻关，持续推进先进信息技术与能源领域的深度融合发展，加快突破氢能、储能等能源互联网组成元素的关键技术装备研发等方面。市场机制方面的政策发展重点主要包括健全适应新型电力系统的体制机制、推动形成电力市场多元竞争主体格局、显著加强市场在资源优化配置中的作用等方面。

（2）技术创新方面，能源科技创新进入持续高度活跃期，已成为发展能源互联网、促进能源清洁低碳转型的核心驱动力。分布式技术、微电网技术、多能耦合技术、数字化技术、碳减排技术等前沿技术成为各国开展技术攻关、试点应用和商业化推广的重点领域。

1）美国、欧盟等国家/地区，虚拟电厂等应用支撑类技术发展较快，当前已形成较为成熟的电力市场运作模式和机制，通过虚拟电厂技术的创新应用，不断提升电力市场对高比例新能源的适应性，持续优化市场运营机制、健全监管体系。

2）中国能源互联网相关新技术研发与产业化进程正在不断加快，主要围绕多能源品种接入展开研发攻关，逐步提高能源在生产、传输、转换、存储、消费等环节的状态信息可测程度和数据精度。具体表现为：先进能源类技术方面，大力发展新型发输配电技术，不断提高技术的成熟度和经济性，积极发展电化学储能技术，加快突破储能经济性和容量限制的技术瓶颈。能源数字融合类技术方面，加快研制信息通信领域的核心传感器设备，持续攻坚核心技术算法，提高设备间泛在物联程度。应用支撑类技术方面，加快建设能源互联网示范项目，推动基于物联网的信息采集与传输等研发和应用取得重大突破。

（3）示范建设方面，随着能源互联网政策引导与技术进步，国内外涌现出一批能源互联网示范工程，为能源互联网理念完善、技术创新与机制改革提供实践验证和落地指引。

1）国内外能源互联网根据不同工程建设侧重点的不同，主要可分为能源互联网络、能源数字化、综合能源等三类示范。其中，能源互联网络类侧重于具有智慧功能的能源物理网架的建设，充分承载能源流，实现多元主体灵活接入；能源数字化类侧重于先进数字信息技术在能源系统中的应用，将信息网络定位为能源互联网的决策支持网，打造一个基于现代信息和通信技术的能源系统；综合能源类侧重于利用先进能源技术、通信技术、管理模式等整合多种能源形式，提高能源利用效率。

2）国外能源互联网示范工程以需求为导向，致力于解决区域能源发展的关键问题，通过在先进能源技术、数字化平台、市场体制机制等方面的创新应用，打造先进示范工程，注重能源系统、信息系统与社会系统的融合发展，为社区居民、城市园区提供优质服务，提高能源综合利用效率；中国能源互联网示范工程以政策为导向，从顶层设计出发，致力于探索城市、乡村、园区能源互联网的差异化发展模式，通过工程实践，实现能源互联网技术、模式在具体建设中的应用与验证，在中国不同区域的能源互联网建设，起到较好的示范引领作用。

（撰写人：王轶楠　审核人：代红才）

1

发 展 政 策

在当前全球共同应对气候变化、实现碳中和的大背景下，各国政府都越来越重视能源互联网的发展，为推进这一目标，纷纷出台一系列政策。本章对国内外典型国家/地区的能源互联网政策进行系统梳理，并开展对比分析。

1.1 政 策 体 系

纵观国内外典型国家/地区的能源互联网相关政策，可以分为发展战略与规划、科技计划与研发布局、市场机制三类。这些政策类别共同构成了能源互联网发展的政策体系框架，为推动能源互联网发展提供战略、科技和市场等方面的支持。

发展战略与规划类政策是能源互联网发展的顶层设计，指明了能源互联网发展的方向和目标，并与国家能源发展规划相衔接，明确了能源互联网的发展重点、技术方向和战略目标，为能源互联网发展提供了整体性和长远性的指导。

科技计划与研发布局类政策是在能源互联网发展战略的指导下，相关能源主管部门发布的推进能源互联网发展的研发计划，涉及技术研发、标准制定和示范应用等方面。

市场机制类政策是为了保障能源互联网发展而发布的市场、机制方面的政策，旨在为能源互联网建设和应用提供市场环境和经济资金支撑。

1.2 国 外 政 策

国外能源互联网概念的孕育开始于 20 世纪 70 年代理查德·巴克敏斯特·富勒（Richard Buckminster Fuller）的世界电能网络（World Electrical Energy Grid）构想。经历了 2003 年美加"8·14"大停电，2004 年《经济学人》（The Economist）杂志发表了题为《建设能源互联网》（Building the Energy Internet）的文章，标志着现代能源互联网研究的开始。当前，国外能源互联网发展多元化，美国、欧盟、日本等国家/地区均结合本国国情确定能源互联网发展方向并制定了相关政策，2023 年均更加注重清洁能源战略布局和技术发展。

1.2.1 发展战略与规划类政策

（一）美国

美国幅员辽阔，电网和油气管网历史悠久，部分能源基础设施较为脆弱。在经历了多次大规模停电事件后，美国政府将建设智能电网提升为国家战略，重点通过先进的传感技术、设备技术以及决策支持系统等技术的应用，保障电力供应的安全高效。

近年来，美国一方面从技术角度出发推动智能电网和综合能源系统建设，强化能源基础设施，打造"韧性"能源互联网；另一方面从清洁能源战略出发，加强海上风电、氢能等与区域电网的协调规划，进一步加强电网对各种能源的承载能力。**在智能电网和综合能源系统建设方面**，2021 年美国能源部发布《综合能源系统：协同研究机遇》，提出综合能源系统（Hybrid Energy System）是通过集成控制或设备互联方式，形成多种能源生产、存储和转换于一体的系统，可实现成本节约、容量增强、效率提升、价值创造，是全新的能源系统形态，对于提高电网灵活性和可再生能源开发利用水平有重要作用。关键研究重点包括实现综合能源系统不同组件间的信息安全高速传递及互操作性、消除不同能源转换间的技术壁垒、能源设备及终端用户的数据采集和分析等；2022 年美国政府发布《建设更好电网倡议》，提出要通过加强电网基础设施建设，支撑清洁能源发展，提高能源电力系统"韧性"。**在清洁能源战略方面**，2023 年美国政府相继发布海上风能[1] 和清洁氢能战略[2]，一是将海上风电与电网集成，通过技术创新提高海上电网的可靠性、弹性和互操作性，支持扩展可靠且弹性的电网基础设施；二是建设大规模清洁氢气生产和终端就近使用的区域性网络，实现基础设施投资效益最大化。表 1-1 是美国近年来主要发展战略与规划类能源政策。

表 1 - 1   美国近年来主要发展战略与规划类能源政策

政策名称	颁布时间	政策内容
《综合能源系统：协同研究机遇》	2021 年	提出综合能源系统（Hybrid Energy System）是通过集成控制或设备互联方式，形成多种能源生产、存储和转换于一体的系统，可实现成本节约、容量增强、效率提升、价值创造，是全新的能源系统形态，对于提高电网灵活性和可再生能源开发利用水平有重要作用
《建设更好电网倡议》	2022 年	强调要加强电网基础设施建设，支撑清洁能源发展，提高能源电力系统"韧性"
《推进美国海上风能：实现并超越 30GW 目标的战略》	2023 年	该战略分为四个部分：①近期发展固定式海上风电，到 2030 年将其发电成本从 73 美元/（MW·h）降至 51 美元/（MW·h），发展国内供应链以支持 30GW 的部署规模；②中期发展漂浮式海上风电，到 2035 年将深海漂浮式海上风电发电成本降低 70% 以上至 45 美元/（MW·h），建立在漂浮式海上风电设计和制造方面的领导地位，以促进到 2035 年部署 15GW 的漂浮式海上风电；③输电系统，将海上风电与电网集成，通过技术创新提高海上电网的可靠性、弹性和互操作性，支持扩展可靠且弹性的电网基础设施；④转型发展，推进储能和海上风电联产（风电制燃料）技术，支持部署海上风能中心
《美国国家清洁氢能战略和路线图》	2023 年	愿景是为碳中和的未来和可持续、有弹性和公平的经济，提供经济性的清洁氢。该路线图以开发和采用清洁氢作为有效的脱碳工具，优先考虑三项关键战略：①专注于清洁氢的战略性、高价值用途。具体包括工业部门（如化工、钢铁和炼油）、重型运输和长期能源储存，以实现清洁电网。其他长期机会包括出口清洁氢或氢载体的潜力。②降低清洁氢的成本。2021 年启动的氢能地球计划（Hydrogen Shot，目的在 10 年内将清洁氢的成本降低 80%，降至 1 美元/kg。）将促进创新和规模，鼓励私营部门投资，提高氢供应链的发展水平，并大幅降低清洁氢的成本。③建设大规模清洁氢气生产和终端就近使用的区域性网络，实现基础设施投资效益最大化

（二）欧盟

为了应对气候变化和能源安全的双重挑战，欧盟不断加强和完善能源立法，成为近二十年来最活跃的能源立法制定者。欧盟侧重于建设经济高效、深度脱碳的能源系统和机制不断完善的能源电力市场，以德国"行业耦合"和丹麦基于先进供热技术的能源互联网发展方向为典型，推动行业低碳发展，持续降低终端客户用能成本。

在推进能源互联网建设过程中，欧盟积极引领和推动绿色能源发展，提出"泛欧综合能源系统"，将构建综合能源系统视为向绿色能源转型的框架，认为能源系统应作为一个整体进行规划和运行，将不同能源载体、基础设施和消费部门有机结合。**在推动绿色能源发展方面，**一是发布了促进欧洲清洁发展的一揽子措施，主要包括三个目标：首要是实现能效优先；其次是推动建立欧盟在全球可再生能源发展中的领导地位；最后是为用户提供公平交易环境。二是发布《欧洲气候法》，以立法的方式确保 2050 年实现气候中和。三是出台《净零工业法案》[3]，将太阳能光伏和光热、陆上风能和海上可再生能源、电池和储能等列为战略性净零技术。**在能源系统整体规划方面，**一是提出"综合能源系统2050 愿景"，建立低碳、安全、可靠、灵活、经济高效、以市场为导向的泛欧综合能源系统，为整体的经济发展并为在 2050 年实现全面碳中和的循环经济目标提供保障，在能源体系的过渡与转型期间维持并不断提升欧盟在全球能源领域的行业领导力；二是提出《欧盟能源系统一体化战略》，以能效、电气化、清洁能源利用为宗旨，重点开发利用太阳能生产可再生氢的关键技术，为欧盟的绿色转型构建基本框架。表 1-2 是欧盟主要发展战略与规划类能源政策。

表 1-2　　　　　　　　欧盟主要发展战略与规划类能源政策

政策名称	颁布时间	政策内容
《促进欧洲清洁发展的一揽子措施》	2016 年	首要是实现能效优先；其次是推动建立欧盟在全球可再生能源发展中的领导地位；最后是为用户提供公平交易环境
《欧盟 2050 战略性长期愿景》	2018 年	一是要求建立低碳、安全、可靠、灵活、经济高效、以市场为导向的泛欧综合能源系统；二是为整体的经济发展并为在 2050 年实现全面碳中和的循环经济目标提供保障；三是在能源体系的过渡与转型期间维持并不断提升欧盟在全球能源领域的行业领导力

续表

政策名称	颁布时间	政策内容
《欧盟能源系统一体化战略》	2020 年	重点开发利用太阳能生产可再生氢的关键技术，为欧盟的绿色转型构建基本框架。战略包括三个宗旨：①能效第一，建设"循环"能源系统；②鼓励电气化的使用，以促进可再生能源的利用；③促进清洁燃料，包括可再生氢、可持续生物燃料等的使用
《欧洲气候法》	2021 年	建立一个框架，在 2050 年实现气候中和。目标到 2030 年将欧盟温室气体净排放量与 1990 年的水平相比，至少减少 55%；2050 年前，欧盟各成员国将实现气候中和，即温室气体零排放
《净零工业法案》	2023 年	提出到 2030 年欧盟战略性净零技术的本土制造能力将接近或达到年度部署需求的 40%。法案将太阳能光伏和光热、陆上风能和海上可再生能源、电池和储能、热泵和地热能、电解槽和燃料电池、沼气/生物甲烷、碳捕集和封存、电网技术、可持续的替代燃料和先进核能列为战略性净零技术

（三）日本

日本作为岛屿国家，国土面积狭小，一次能源极度匮乏，工业生产和日常生活能源大量依靠进口。受福岛核电站事故影响，核能在日本能源结构中的角色一度被大大弱化，以致其能源自给率最低时仅有 6%～7%。日本山丘众多，地震频发，难以建设大规模可再生能源生产基地和长距离能源输配网络，单一脆弱的能源结构对日本的国家安全构成较大威胁。氢能制造源和制造方法的多样性，一直作为日本"念念不忘"的选择方向之一。

日本重视可再生能源发展，不断推动能源系统清洁、高效转型，保障国家能源安全，并以"氢能社会"为愿景，以氢能为纽带连接能源生产和消费，推动电热冷气氢多能互补，通过技术创新发展能源互联网。**在推动能源系统清洁转型方面**，2016 年公布的《能源革新战略》确立了日本新能源战略的三大目标，即确立国民可以信赖的能源安全保障，为经济的可持续发展奠定基础；一体化解决能源问题和环境问题；为解决亚洲和世界能源问题作出积极贡献。同时，政府开始对每位购买燃料电池车的消费者提供补贴，推动氢能的快速普及。2023 年 4 月，日本内阁通过了首个核聚变国家战略[4]，呼吁私营企业更广泛地参与聚变能研发，争取在 2050 年左右实现核聚变发电。**在促进氢能发展方面，**2013 年《日本复兴战略》把发展氢能源提升为国策，并启动加氢站建设的前期工作；《能源基本计划》（第四期）将氢能源定位为与电力和热能并列的核心二次能源，并提出建设"氢能社会"的愿景，《能源基本计划》（第六期）首次将氢-氨燃料作为实现碳中和的重要二次能源列入发展规划，计划到 2030、2050 年，氢-氨燃料发电占比分别达到 1％和 10％。表 1-3 是日本主要发展战略与规划类能源政策。

表 1-3 日本主要发展战略与规划类能源政策

政策名称	颁布时间	政策内容
《日本复兴战略》	2013 年	把发展氢能源提升为国策，并启动加氢站建设的前期工作
《能源基本计划》（第四期）	2014 年	将氢能源定位为与电力和热能并列的核心二次能源，并提出建设"氢能社会"的愿景
《能源革新战略》	2016 年	公布了日本新能源战略的三大目标：确立国民可以信赖的能源安全保障；为经济的可持续发展奠定基础，一体化解决能源问题和环境问题；为解决亚洲和世界能源问题作出积极贡献
《能源基本计划》（第六期）	2021 年	首次提出"最优先"发展可再生能源，并将 2030 年可再生能源发电所占比例，从此前的 22％至 24％提高到 36％至 38％；积极发展清洁氢与清洁氨发电技术，首次将氢-氨燃料作为实现碳中和的重要二次能源列入发展规划，计划到 2030、2050 年，氢-氨燃料发电占比分别达到 1％和 10％
《核聚变国家战略》	2023 年	该战略呼吁私营企业更广泛地参与聚变能研发，争取在 2050 年左右实现核聚变发电。根据该战略，日本政府将在 2024 年 3 月之前成立聚变工业委员会，以发展相关产业，并制定确保聚变技术安全的指导方针。日本政府还将优先考虑国内大学的聚变能教育，以培养该领域的专家，并寻求吸引海外机构和其他学科的人才

1.2.2 科技计划与研发布局类政策

（一）美国

在"韧性"能源互联网的发展过程中，美国通过技术示范、标准建设和创新行动，推动电网互联互通和基础设施建设。**在技术示范方面，**美国能源部2016年发布《智能电网研发计划》和《综合能源系统研发法案》，支持智能电网和综合能源系统的实际部署和示范项目，以验证技术成果和经验教训。**在标准体系建设方面，**美国国会2016年发布的《综合能源系统研发法案》和美国能源部2020年提出的《高效综合能源系统倡议》提到要制定综合能源系统的标准，加快相关标准的推广应用。**在创新行动方面，**美国能源部2018年启动综合能源系统创新计划，通过资助创新研究项目、设立技术中心和实验室合作、推动综合能源系统的市场导向研究等措施推动综合能源系统技术突破和商业化应用；2022年启动互联创新计划，联合电网运营商、公用事业部门、州政府与部落民族、清洁能源开发商和其他利益相关者，基于数据共享和技术研发，开展电网互联的影响评估分析，提出更便捷、更公平的清洁能源互联解决方案，推动更多清洁能源接入电网，并降低能源成本。表1-4是美国主要科技计划与研发布局类能源政策。

表1-4   美国主要科技计划与研发布局类能源政策

政策名称	颁布时间	政策内容
《智能电网研发计划》	2016年	提出要通过资金和合作伙伴关系，推动智能电网的研究和发展；促进智能电网技术的创新，包括电力系统监测、能源储存和智能控制等方面；支持智能电网的实际部署和示范项目，以验证技术成果和经验教训
《综合能源系统研发法案》	2016年	提出要鼓励公私合作伙伴关系，共同推动技术创新和示范项目；促进标准制定和技术规范的发展，以支持综合能源系统的互操作性和互联互通；支持综合能源系统的市场导向研究，包括能源效率、可再生能源、智能电网和能源存储等领域
《综合能源系统创新计划》	2018年	提出要资助创新研究项目，以推动综合能源系统技术的突破和商业化应用；设立技术中心和实验室合作，提供技术支持和基础设施，促进技术开发和系统集成；推动综合能源系统的市场导向研究，包括智能能源管理系统、可再生能源集成和能源互联网等方面

政策名称	颁布时间	政策内容
《高效综合能源系统倡议》	2020年	提出要促进高效综合能源系统技术的研发和应用；支持技术创新和示范项目，以提高能源效率、降低成本和减少环境影响；制定和推广相关的标准和技术规范，以促进综合能源系统的互操作性和一体化；促进产业合作和市场推广，推动高效综合能源系统的商业化和应用普及
《互联创新计划》	2022年	基于数据共享和技术研发，开展电网互联的影响评估分析，提出更便捷、更公平的清洁能源互联解决方案，推动更多清洁能源接入电网，并降低能源成本

（二）欧盟

在《欧盟2050战略性长期愿景》《欧盟能源系统一体化战略》《欧盟气候法》等顶层战略下，欧盟制定了详细的综合能源系统技术研发计划和气候目标实施方案。**在综合能源系统技术研发方面，**欧洲能源转型智能网络技术与创新平台于2020年发布了《2020—2030年综合能源系统研发路线图》，明确了综合能源系统重点研发领域和预算分配，在此基础上，2022年发布了《2022—2025年综合能源系统研发实施计划》，提出到2025年投入10亿欧元研发资金，围绕跨系统集成、欧洲电力市场建设、可再生能源并网、数字化解决方案、系统灵活性提升等应用场景实施31项研发创新优先项目，推动欧盟能源转型；欧盟2021年发布《能源系统数字化——欧盟行动计划》，提高能源系统的信息安全水平，建设更智能、更具互动性的能源系统。**在实现气候目标方面，**欧盟委员会2020年发布《欧盟氢战略》，将探索清洁氢能的利用作为促进欧盟2050年实现气候中和的重要手段。表1-5是欧盟主要科技计划与研发布局类能源政策。

表1-5　　　　　欧盟主要科技计划与研发布局类能源政策

政策名称	颁布时间	政策内容
《欧盟氢战略》	2020年	将探索清洁氢能的利用，促进欧盟于2050年实现气候中立。战略阐述了扩大清洁氢能生产规模的必要措施，指出在综合能源系统的背景下应优先考虑可再生氢能，鼓励建设可再生氢工厂，提出相关认证标准以支持欧洲的可再生氢储蓄。战略指出，可再生

续表

政策名称	颁布时间	政策内容
《欧盟氢战略》	2020 年	氢战略需要分步实现，2020—2024 年至少安装 6GW 可再生氢电解槽，生产 100 万 t 可再生氢；2025—2030 年实现氢能成为综合能源系统的固有组成，可再生氢电解槽增至 40GW；2030—2050 年，实现可再生氢技术成熟应用，大规模使用
《2020—2030 年综合能源系统研发路线图》	2020 年	为实现欧盟"欧盟 2050 战略性长期愿景"的三大总体目标，欧洲能源转型智能网络技术与创新平台在路线图的设计中提出"2050 愿景"的五大基本要素：一是能源系统的高效组织；二是能源市场作为转型的关键驱动力；三是数字化为综合能源系统提供新服务；四是基础设施作为转型的关键；五是高效用能。更进一步地，对照五大基本要素，欧盟将对"消费者、产消合一者和能源社区""系统经济性""数字化""系统设计和规划""灵活性技术和系统灵活性"以及"系统运行"等六个领域进行重点研发和预算分配
《欧洲廉价、安全、可持续能源联合行动方案》	2022 年	提出通过节约能源、加速发展可再生能源、投资能源基础设施等措施，降低对俄罗斯化石燃料的依赖，加速推进能源绿色转型，建立更具弹性的能源体系和更为稳固的能源联盟
《2022—2025 年综合能源系统研发实施计划》	2022 年	到 2025 年投入 10 亿欧元研发资金，围绕跨系统集成、欧洲电力市场建设、可再生能源并网、数字化解决方案、系统灵活性提升等应用场景实施 31 项研发创新优先项目，推动欧盟能源转型
《能源系统数字化——欧盟行动计划》	2022 年	以智能电网为平台，加大对智能物联、边缘计算、数字孪生、5G 和 6G 通信等数字技术的投资和应用，通过不同能源数据间的可连接、互操作和实时共享，提高能源系统的信息安全水平，建设更智能、更具互动性的能源系统，促进能源综合利用效率和电气化水平提升，助力能源清洁转型

（三）日本

在"氢能社会"愿景下，日本一方面以技术进步推动氢能产业发展，另一方面注重全社会脱碳技术的研发。**在氢能产业技术方面**，2019 年，日本制定了《氢与燃料电池战略技术发展战略》，规定了燃料电池技术、氢供应链、电解技术三个领域具体的技术发展项目，旨在振兴日本整个行业、学术界以及政府关于氢能技术发展的讨论；2021 年，日本经济产业省发布了《绿色增长战略》，通过氢能相关技术的研发、示范、应用，实现到 2030 年将年度氢能供应量增加到 300 万 t，到 2050 年达到 2000 万 t 的目标，2023 年发布《汽车和重型卡车用燃料电池路线图》，提出重点开发燃料电池材料、储氢和数字化等技术。**在脱碳技术方面**，2021 年，日本经济产业省更新了《碳回收技术路线图》，将直接空气捕获和合成燃料技术纳入脱碳技术；2023 年发布《碳足迹报告》，分别针对供应链上游企业（如钢铁和化工等）、拥有 B2B 和 B2C 业务的终端产品制造商（如汽车和电子产品）以及终端日用品制造商（如服装、食品等）提出了碳足迹计算规则和使用方法。表 1-6 是日本主要科技计划与研发布局类能源政策。

表 1-6 日本主要科技计划与研发布局类能源政策

政策名称	颁布时间	政策内容
《氢与燃料电池战略技术发展战略》	2019 年	该战略着眼于三大技术领域：①燃料电池技术领域；②氢供应链领域；③电解技术领域。在这些领域中，总共将确定 10 个项目作为优先领域中的优先项目，并促进研究与开发
《绿色增长战略》	2021 年	确定了日本到 2050 年实现碳中和目标，构建"零碳社会"，以此来促进日本经济的持续复苏，预计到 2050 年该战略每年将为日本创造近 2 万亿美元的经济增长。其中在氢能产业方面，发展目标是到 2030 年将年度氢能供应量增加到 300 万 t，到 2050 年达到 2000 万 t。力争在发电和交通运输等领域将氢能成本降低到 30 日元/m³，到 2050 年降至 20 日元/m³。重点任务是发展氢燃料电池动力汽车、船舶和飞机；开展燃氢轮机发电技术示范；推进氢还原炼铁工艺技术开发；研发废弃塑料制备氢气技术；新型高性能低成本燃料电池技术研发；开展长距离远洋氢气运输示范，参与氢气输运技术国际标准制定；推进可再生能源制氢技术的规模化应用；开发电解制氢用的大型电解槽；开展高温热解制氢技术研发和示范
《碳回收技术路线图》	2021 年	2019 年，经济产业省（METI）发布了碳回收技术路线图，明确了碳回收技术的目标、技术挑战和时间表，并加速创新。2021 年，日本经济产业省更新了路线图，以与其 2050 年碳中和目标保持一致。更新要点包括：①增加新技术领域：直接空气捕获和合成燃料；②修改碳回收时间表：到 2030 年早期广泛采用（与原始路线图相同），到 2040 年广泛采用（高于原始路线图中的 2050 年）；③加强国际合作：根据国际合作取得的进展，补充了有关工作的具体情况

政策名称	颁布时间	政策内容
《汽车和重型卡车用燃料电池路线图》	2023 年	重点开发燃料电池材料、储氢和数字化等技术,实现:到 2030 年,燃料电池重型卡车开始普及,燃料电池系统输出密度 0.6kW/L;到 2040 年,燃料电池重型卡车广泛普及,燃料电池系统输出密度 0.8kW/L
《碳足迹报告》	2023 年	分别针对供应链上游企业(如钢铁和化工等)、拥有 B2B 和 B2C 业务的终端产品制造商(如汽车和电子产品)以及终端日用品制造商(如服装、食品等)提出了碳足迹计算规则和使用方法,并提出未来政策建议:①制定碳足迹行动指南,鼓励主要使用原始数据计算,数据库数据(二手数据)作为辅助;②以国家和地方政府的公共采购为示范,带头促进私营企业使用碳足迹;③制定可广泛使用的碳排放因子;④为每个产品制定碳足迹计算规则,保证公平性;⑤培养碳足迹专门人才;⑥以激励政策鼓励中小型企业的参与;⑦设立第三方验证机构

1.2.3 市场机制类政策

(一)美国

在推进能源互联网建设过程中,美国从税收减免、资金支持、引入市场竞争等不同方面入手,促进可再生能源的发展和减少对化石燃料的依赖,有效应对气候变化和保障能源安全。**在税收减免方面**,发布《可再生能源项目的税收减免计划》,通过税收减免的方式鼓励企业和个人投资和使用可再生能源,促进可再生能源市场的发展;《2022 年通胀削减法案》通过税收减免等措施鼓励新能源的发展和应用,该法案的出台,将有助于加快美国能源结构的转型,推动清洁能源的大规模应用,促进可持续发展。**在资金支持方面**,美国能源部提供推进氢能和核电整合的资金,用于促进氢能技术的发展,以及利用核电站生产氢气系统的研究和应用。这将有助于降低氢气的生产成本和提高氢能技术的效率,推动氢能技术在交通、工业和住宅等领域的应用。**在引入市场竞争方面**,联邦能源管理委员会发布储能无歧视参与电力交易规定,推动储能技术进入电力市场,实现清洁能源的大规模应用。这将有助于提高电力系统的可靠性和稳定性，缓解电力系统在高峰期的负荷压力，同时减少能源消耗和环境污染。表 1-7 是美国主要市场机制类能源政策。

表 1-7　　　　　　　　　　美国主要市场机制类能源政策

政策名称	颁布时间	政策内容
《联邦能源管理委员会"储能无歧视参与电力交易"规定》	2018 年	对储能无歧视参与各区域批发电力市场做出明确规定，标志着储能全面进入电力市场交易
《可再生能源项目的税收减免计划》	2020 年	为开发可再生能源项目的纳税人提供税收减免，这些项目利用可再生能源发电并使用太阳能电池板、燃料电池、微型涡轮机和热电联产系统等技术
《推进氢能和核电整合的资金》	2022 年	能源部开放了高达 20 万美元的融资机会，该机会将用于演示从核电站生产氢气的系统的项目。这是美国能源部氢和燃料电池技术办公室与核能办公室之间的共同努力，旨在支持清洁和负担得起的氢气生产、储存、运输和在多个部门使用的项目
《2022 年通胀削减法案》	2022 年	法案计划投资共计 3690 亿美元用于能源安全及气候变化项目。其需求端的政策包括针对新能源车和以前拥有电动车的可退税信贷。其供给端的政策包括将投资税收减免政策延期 10 年，减免比例由现阶段 26％提高至 30％，10 年后在三年内按比例退出。并且，法案还新增了诸多新能源项目的税收减免项目

（二）欧盟

欧盟一直致力于建设机制不断完善的电力市场，在电力市场机制设计、资金支持等领域不断加强立法。**在电力市场机制设计方面**，2023 年 3 月，欧盟委员会公布新的《电力市场改革方案》，方案提出将对欧盟相关电力法规等进行修改，同时鼓励与非化石能源电力签订长约、引入更加灵活的电网负荷等，以期减少化石能源对消费者能源消费的影响，确保廉价可再生能源的成本优势得以体现。方案希望加快可再生能源的部署、推动其在电力系统中的整合，进而逐渐淘汰天然气发电，还希望通过需求侧响应、储能和运用其他稳定的可再生能源的方式来提升电力系统的灵活性。7 月，欧洲议会以 55 票赞成、15 票反对的结果通过了此方案。**在资金支持方面**，2022 年第二版"连接欧洲基金"

（CEF）中提出，在能源领域，预算为 5.84 亿欧元，旨在促进欧洲能源市场的进一步一体化，提高跨国界和跨部门的能源网络的互操作性，促进脱碳，并确保供应安全，还将为可再生能源发电领域的跨境项目提供资金。表 1-8 是欧盟主要市场机制类能源政策。

表 1-8　　　　　　　　　欧盟主要市场机制类能源政策

政策名称	颁布时间	政策内容
第二版"连接欧洲基金"（CEF）	2022 年	在能源领域，预算为 5.84 亿欧元，旨在促进欧洲能源市场的进一步一体化，提高跨国界和跨部门的能源网络的互操作性，促进脱碳，并确保供应安全，还将为可再生能源发电领域的跨境项目提供资金
《电力市场改革方案》	2023 年	提出将对欧盟相关电力法规等进行修改，同时鼓励与非化石能源电力签订长约、引入更加灵活的电网负荷等，以期减少化石能源对消费者能源消费的影响，确保廉价可再生能源的成本优势得以体现。具体措施包括： ● 为消费者提供更广泛的合同选择和更清晰的信息，既有可能锁定安全的长期价格，又可以利用动态定价合同。 ● 通过对价格风险管理的新要求和建立最后供应商，降低供应商倒闭的风险。 ● 加强可再生能源的共享，例如将屋顶太阳能装置的多余电力出售给邻居。 ● 公司和供应商之间有更稳定的长期合同（直接购电协议）。 ● 发电商和公共实体之间的双向差价合约。 ● 促进可再生能源融入系统的义务

（三）日本

日本一方面通过税收优惠、财政补贴等政策促进清洁能源产业发展，另一方面通过非化石能源证书等市场机制的完善，促进清洁能源消纳。**在税收优惠方面**，2017 年日本财务省发布《风力发电设施开发相关税收措施法》，提出对于安装在陆上和海上的风力发电设施，提供税收减免，降低建设和运营成本。**在财政补贴方面**，2016 年政府开始对每位购买燃料电池车的消费者提供补贴，推动氢能的快速普及；2021 年提议拨款 3000 亿日元用于发展氢气进口和供应链；2023 年 2 月，日本内阁批准《实现绿色转型的基本方针》，提出未来 10 年将投资超过 150 万亿日元（约 1.1 万亿美元）实现绿色转型并同步脱碳、稳定能源供应和促进经济增长。**在电力市场机制完善方面，**日本经济产业省修订了《电力零售指引》中非化石能源证书的内容，引入了非（可再生能源上网电价计划）FIT 非化石证书制度。表 1-9 是日本主要市场机制类能源政策。

表 1-9   日本主要市场机制类能源政策

政策名称	颁布时间	政策内容
《氢能源汽车购买补贴》	2016 年	对每位购买燃料电池车的消费者提供补贴。就 2016 年的市场情况来看，丰田汽车公司的 Mirai 车售价 670 万日元/辆，补贴 202 万日元/辆；本田株式会社的 Clarity 车售价 709 万日元/辆，补贴 208 万日元/辆
《风力发电设施开发相关税收措施法》	2017 年	对于安装在陆上和海上的风力发电设施，提供税收减免，降低建设和运营成本；减免幅度根据设施容量和类型的不同而有所变化
《电力零售指引》	2021 年	日本经济产业省修订了《电力零售指引》中非化石能源证书的内容，引入了非（可再生能源上网电价计划）FIT 非化石证书制度
《绿色创新基金》	2021 年	日本经济产业省提议拨款 3000 亿日元用于发展氢气进口和供应链，包括运输和液化技术的开发，其中 260 亿日元用于补贴氢气共燃燃气轮机技术的示范
《实现绿色转型的基本方针》	2023 年	未来 10 年日本政府和私营部门投资将超过 150 万亿日元（约 1.1 万亿美元）实现绿色转型并同步脱碳、稳定能源供应和促进经济增长。主要方针包括：①确保能源稳定供应。重点推进节能减排和发展可再生能源，安全利用核电，促进氢和氨使用，发展储能电池产业，促进交通绿色转型和扩大以脱碳为目的的数字投资等。②发行债券投资企业绿色转型。日本政府将发行 20 万亿日元的（约 1.5 千亿美元）"绿色经济转型债券"进行前期投资，鼓励企业采用可再生能源、核电等非化石能源以及研发节能减排、资源循环利用和固碳技术等。③碳定价和碳税。通过以增长为导向的碳定价来激励投资，包括全面运行"排污权交易体系"、分阶段引入发电企业"有偿拍卖"、引入"碳税"作为碳排放的统一碳定价、成立"绿色转型推进机构"负责碳定价的实施。④新金融手段。通过债券、商业担保等作为风险补充投资

1.3 中 国 政 策

　　2014 年 6 月，习近平总书记在中央财经领导小组第六次会议上做了关于推进能源生产和消费革命的重要论述，发展能源互联网是推动我国能源革命的重要抓手。自 2015 年以来，国务院、国家发展改革委、国家能源局等多部门都陆续印发了支持、规范能源互联网的发展政策，内容涉及能源互联网发展阶段目标、能源互联网在实体层的建设布局、关键技术研发、电力市场机制设计等。

1.3.1　发展战略与规划类政策

　　近年来，我国政府对能源领域的重视程度和支持力度不断提升，出台了一系列行动计划和规划，为能源互联网发展设置了阶段目标。2015 年 7 月，国务院印发《关于积极推进"互联网＋"行动的指导意见》，首次提出了"互联网＋"智慧能源的理念，描绘了能源互联网发展路线图。2016 年 2 月，国家发展改革委、国家能源局、工业和信息化部印发《关于推进"互联网＋"智慧能源发展的指导意见》明确指出，我国能源互联网技术、模式和业态均处于探索发展阶段，该指导意见将我国能源互联网发展分成两个阶段：第一阶段为 2016－2018 年，着力建成一批不同类型、不同规模的示范项目；第二阶段为 2019－2025 年，着力进行能源互联网多元化发展，初步建成能源互联网产业体系并成为经济发展的重要驱动力。2022 年，国家发展改革委、国家能源局发布《"十四五"现代能源体系规划》《关于促进新时代新能源高质量发展的实施方案》两份综合性政策文件，成为"十四五"时期建设能源互联网、推动能源清洁低碳转型的行动纲领。表 1－10 是中国能源互联网发展战略与规划类政策。

表 1 - 10　　　　　　　　　中国能源互联网发展战略与规划类政策

政策名称	颁布时间	政策内容
《关于积极推进"互联网＋"行动的指导意见》（国发〔2015〕40 号）	2015 年 7 月	首次提出了"互联网＋"智慧能源的理念，逐步建成开放共享的能源网络
《关于推进"互联网＋"智慧能源发展的指导意见》（发改能源〔2016〕392 号）	2016 年 2 月	是能源互联网的顶层设计，明确了近中期中国能源互联网发展的两个阶段
《能源技术革命创新行动计划（2016 — 2030 年）》（发改能源〔2016〕513 号）	2016 年 3 月	提出到 2020 年初步建立能源互联网技术创新体系，能源互联网基础架构、能源与信息深度融合及能源互联网相关应用技术取得重大突破并实现示范应用。到 2030 年，建成与国情相适应的完善的能源技术创新体系，能源自主创新能力全面提升，能源技术水平整体达到国际先进水平，支撑我国能源产业与生态环境协调可持续发展，进入世界能源技术强国行列
《中国制造 2025－能源装备实施方案》（发改能源〔2016〕1274 号）	2016 年 6 月	开放智能电网、能源互联网等工程项目示范，推动关键装备的试验示范
《清洁能源消纳行动计划（2018－2020 年）》（发改能源规〔2018〕1575 号）	2018 年 10 月	从电源开发布局优化、市场改革调控、宏观政策引导、电网基础设施完善、电力系统调节能力提升、电力消费方式变革、考核与监管等 7 个方面，提出了 28 项具体措施，目标是 2018 年清洁能源消纳取得显著成效，2020 年清洁能源消纳问题得到基本解决
《中华人民共和国国民经济和社会发展第十四个五年规划和 2035 年远景目标纲要》	2021 年 3 月	构建现代能源体系，加快电网基础设施智能化改造和智能微电网建设，提高电力系统互补互济和智能调节能力，加强源网荷储衔接，提高清洁能源消纳和存储能力，提升向边远地区输配电能力，推进煤电灵活性改造，加强抽水蓄能电站建设和新型储能技术规模化应用

续表

政策名称	颁布时间	政策内容
《"十四五"现代能源体系规划》（发改能源〔2022〕210号）	2022年3月	● 坚持生态优先、绿色发展，壮大清洁能源产业，实施可再生能源替代行动，推动构建新型电力系统，促进新能源占比逐渐提高，推动煤炭和新能源优化组合。坚持全国一盘棋，科学有序推进实现"双碳"目标，不断提升绿色发展能力。 ● 推动电力系统向适应大规模高比例新能源方向演进。统筹高比例新能源发展和电力安全稳定运行，加快电力系统数字化升级和新型电力系统建设迭代发展，全面推动新型电力技术应用和运行模式创新，深化电力体制改革
《关于促进新时代新能源高质量发展的实施方案》（国办函〔2022〕39号）	2022年5月	● 创新新能源开发利用模式，加快推进以沙漠、戈壁、荒漠地区为重点的大型风电光伏基地建设，促进新能源开发利用与乡村振兴融合发展，推动新能源在工业和建筑领域应用，引导全社会消费新能源等绿色电力。 ● 加快构建适应新能源占比逐渐提高的新型电力系统，全面提升电力系统调节能力和灵活性，着力提高配电网接纳分布式新能源的能力，稳妥推进新能源参与电力市场交易，完善可再生能源电力消纳责任权重制度。 ● 支持引导新能源产业健康有序发展，推进科技创新与产业升级，保障产业链供应链安全，提高新能源产业国际化水平。 ● 保障新能源发展合理空间需求，完善新能源项目用地管制规则，提高国土空间资源利用效率。 ● 充分发挥新能源的生态环境保护效益，科学评价新能源项目生态环境影响和效益，支持在石漠化、荒漠化土地以及采煤沉陷区等矿区开展具有生态环境保护和修复效益的新能源项目，促进农村清洁取暖、农业清洁生产，助力农村人居环境整治提升。 ● 完善支持新能源发展的财政金融政策，优化财政资金使用，完善金融相关支持措施，丰富绿色金融产品服务
《关于加快建立统一规范的碳排放统计核算体系实施方案》（发改环资〔2022〕622号）	2022年8月	到2025年，统一规范的碳排放统计核算体系进一步完善，统计基础、核算方法、技术手段、数据质量方面工作均有提升，为碳达峰碳中和工作提供全面、科学、可靠的数据支持

续表

政策名称	颁布时间	政策内容
《科技支撑碳达峰碳中和实施方案（2022—2030年）》（国科发社〔2022〕157号）	2022年8月	能源绿色低碳转型科技支撑行动。立足以煤为主的资源禀赋，抓好煤炭清洁高效利用，增加新能源消纳能力，推动煤炭和新能源优化组合，保障国家能源安全并降低碳排放
《关于进一步做好新增可再生能源消费不纳入能源消费总量控制有关工作的通知》（发改运行〔2022〕1258号）	2022年11月	● 不纳入能源消费总量的可再生能源，现阶段主要包括风电、太阳能发电、水电、生物质发电、地热能发电等可再生能源。 ● 绿证核发范围覆盖所有可再生能源发电项目，建立全国统一的绿证体系，由国家可再生能源信息管理中心根据国家相关规定和电网提供的基础数据向可再生能源发电企业按照项目所发电量核发相应绿证
《关于加快推进能源数字化智能化发展的若干意见》（国能发科技〔2023〕27号）	2023年3月	到2030年，能源系统各环节数字化智能化创新应用体系初步构筑、数据要素潜能充分激活，一批制约能源数字化智能化发展的共性关键技术取得突破
《2023年能源工作指导意见》（国能发规划〔2023〕30号）	2023年4月	加快建设智能配电网、主动配电网，提高接纳新能源的灵活性和多元负荷的承载力，提升生产生活用能电气化水平，重点推进工业、建筑、交通等领域清洁低碳转型。推动充电基础设施建设，上线运行国家充电基础设施监测服务平台，提高充电设施服务保障能力

"十四五"期间我国能源互联网发展战略与规划重点为：**一是强化底线思维，提升能源互联网安全保供水平**。统筹高比例新能源发展和电力安全稳定运行，通过多能互补、源网荷储协同、虚拟电厂等方式，增强资源优化配置能力，提升能源安全保障水平。**二是秉持系统观念，推动能源互联网绿色发展**。统筹协调能源转型各阶段不同能源品种之间的互补、协同、替代关系，建设智能高效的调度运行体系，探索电力、热力、天然气等多种能源联合调度机制，促进协调运行，推动能源生产消费方式绿色低碳变革。**三是坚持技术创新理念，助力能源互联网产业发展**。加强能源互联网相关科技创新能力，加快信息技术和能源互联网产业融合，以科技创新带动能源互联网产业规模化、现代化

发展。

1.3.2 科技计划与研发布局类政策

近年来，聚焦可再生能源、储能、氢能等能源技术及 5G、大数据、人工智能、云计算、区块链、物联网等数字化关键技术的研发布局，国家相关部门出台了系列政策，持续推动能源生产多元化、清洁化、低碳化和能源消费高效化、减量化、电气化。2019 年 5 月，国家标准化管理委员会、国家能源局发布《关于加强能源互联网标准化工作的指导意见》，明确到 2025 年，形成能够支撑能源互联网产业发展和应用需要的标准体系，制定 50 项以上能源互联网标准，涵盖主动配电网、微能源网、储能、电动汽车等互动技术标准，全面支撑能源互联网项目建设和技术推广应用。2023 年 6 月，科技部发布《国家重点研发计划"氢能技术"等 7 个重点专项 2023 年度项目申报指南的通知》，聚焦氢能技术、煤炭清洁高效利用技术、储能与智能电网技术、可再生能源技术、新能源汽车、交通载运装备与智能交通技术、交通基础设施等 7 大重点领域开展研发攻关，加快实现高水平科技自立自强。表 1 - 11 是中国能源互联网科技计划与研发布局类政策。

表 1 - 11　　　　中国能源互联网科技计划与研发布局类政策

政策名称	颁布时间	政策内容
《关于加强能源互联网标准化工作的指导意见》	2019 年 5 月	到 2025 年，形成能够支撑能源互联网产业发展和应用需要的标准体系，制定 50 项以上能源互联网标准，涵盖主动配电网、微能源网、储能、电动汽车等互动技术标准，全面支撑能源互联网项目建设和技术推广应用
《〈新型数据中心发展三年行动计划（2021－2023年）〉的通知》（工信部通信〔2021〕76 号）	2021 年 7 月	用 3 年时间，基本形成布局合理、技术先进、绿色低碳、算力规模与数字经济增长相适应的新型数据中心发展格局。能效水平稳步提升，电能利用效率（PUE）逐步降低，可再生能源利用率逐步提高

25

续表

政策名称	颁布时间	政策内容
《氢能产业发展中长期规划（2021—2035年）》	2022年3月	提出发挥氢能调节周期长、储能容量大的优势，开展氢能在可再生能源消纳、电网调峰等应用场景的示范，探索培育"风光发电＋氢储能"一体化应用新模式，逐步形成多种储能技术相互融合的电力系统储能体系；探索氢能跨能源网络协同优化潜力，促进电能、热能、燃料等异质能源之间的互联互通
《"十四五"数字经济发展规划》	2022年3月	加快推动智慧能源建设应用，推动能源产、运、储、销、用各环节设施的数字化升级，实施煤矿、油气田、油气管网、电厂、电网、终端用能等领域设备设施、工艺流程的数字化建设与改造。推进微电网等智慧能源技术试点示范应用
《"十四五"新型储能发展实施方案》（发改能源〔2022〕209号）	2022年3月	持续优化建设布局，促进新型储能与电力系统各环节融合发展，支撑新型电力系统建设。推动新型储能与新能源、常规电源协同优化运行，充分挖掘常规电源储能潜力，提高系统调节能力和容量支撑能力。合理布局电网侧新型储能，着力提升电力安全保障水平和系统综合效率。实现用户侧新型储能灵活多样发展，探索储能融合发展新场景，拓展新型储能应用领域
《"十四五"能源领域科技创新规划》（国能发科技〔2021〕58号）	2022年4月	聚焦新一代信息技术和能源融合发展，开展能源领域智能传感和智能量测、特种机器人、数字孪生，以及能源大数据、人工智能、云计算、区块链、物联网等数字化、智能化共性关键技术研究，推动煤炭、油气、电厂、电网等传统行业与数字化、智能化技术深度融合，开展各种能源厂站和区域智慧能源系统集成试点示范，引领能源产业转型升级
《"十四五"可再生能源发展规划》（发改能源〔2021〕1445号）	2022年6月	● 加快建设可再生能源存储调节设施，强化多元化智能化电网基础设施支撑，提升新型电力系统对高比例可再生能源的适应能力。加强可再生能源发电终端直接利用，扩大可再生能源多元化非电利用规模，推动可再生能源规模化制氢利用，促进乡村可再生能源综合利用，多措并举提升可再生能源利用水平。 ● 培育可再生能源发展新模式新业态。推动可再生能源智慧化发展，推动可再生能源与人工智能、物联网、区块链等新兴技术深度融合，发展智能化、联网化、共享化可再生能源生产和消费新模式；大力发展综合

政策名称	颁布时间	政策内容
《"十四五"可再生能源发展规划》（发改能源〔2021〕1445号）	2022年6月	能源服务，综合可再生能源、储能、柔性网络等先进能源技术和互联通信技术，推动分布式可再生能源高效灵活接入与生产消费一体化，建设冷热水电气一体供应的区域综合能源系统。推动可再生能源与电动汽车融合发展。利用大数据和智能控制等新技术，将波动性可再生能源与电动汽车充放电互动匹配，实现车电互联。采用现代信息技术与智能管理技术，整合分散电动汽车充电设施，通过电力市场交易促进可再生能源与电动汽车互动发展
《加快电力装备绿色低碳创新发展行动计划的通知》（工信部联重装〔2022〕105号）	2022年8月	推进源网荷储一体化和多能互补，培育风电＋、光伏＋等多种应用新模式、新业态，加快多层级多时间尺度多能互补协同优化
《信息通信行业绿色低碳发展行动计划（2022—2025年）》（工信部联通信〔2022〕103号）	2022年8月	● 强化工业节能降碳供给能力，培育5G、工业互联网、人工智能等在工业能效管理中的应用，推广以工业互联网为载体、以能效管理为对象的平台化设计、智能化制造、网络化协同、个性化定制、服务化延伸、数字化管理等融合创新模式。 ● 助力重点行业绿色化转型，推进配电网智能化升级，打造5G智能电网，推广5GSA切片智能分布式配电、5G基站削峰填谷供电等绿色低碳应用
《关于加快推进能源数字化智能化发展的若干意见》	2023年3月	到2030年，能源系统各环节数字化智能化创新应用体系初步构筑、数据要素潜能充分激活，能源系统智能感知与智能调控体系加快形成，能源数字化智能化新模式新业态持续涌现，能源系统运行与管理模式向全面标准化、深度数字化和高度智能化加速转变，能源行业网络与信息安全保障能力明显增强
《〈2023年能源工作指导意见〉的通知》（国能发规划〔2023〕30号）	2023年4月	大力发展风电光伏，有序推进水电核电重大工程建设，积极发展能源新产业新模式，推进核能综合利用，开展地热能发电示范，加快推进纤维素等非粮生物燃料乙醇产业示范。加快能源产业数字化智能化升级，积极开展电厂、电网、油气田、油气管网、终端用能等领域设备设施、工艺流程的智能化建设，提高能源系统灵活感知和高效生产运行能力，促进源网荷互动、多能协同互补

续表

政策名称	颁布时间	政策内容
《关于进一步做好抽水蓄能规划建设工作有关事项的通知》（国能综通新能〔2023〕47号）	2023年4月	组织开展站址比选、布局优化和项目纳规工作，布局项目要落实到计划核准年度。对于需求确有缺口的省份，按有关要求有序纳规。对于经深入论证、需求没有缺口的省份，暂时不予新增纳规，但可根据实际情况，按照"框定总量、提高质量、优中选优、有进有出、动态调整"的原则，提出项目调整建议。国家能源局根据需求论证情况和实际需要，及时对全国或部分区域的中长期规划进行滚动调整，保持适度超前，支撑发展

"十四五"期间我国能源互联网科技计划与研发布局重点为：**一是加快能源领域重大技术装备研发研制，聚焦战略性、前瞻性电网核心技术攻关**，推动先进可再生能源、新型电力系统、新型储能、氢能及其综合利用、能源系统数字化智能化等领域研发制造，聚焦多能互补集成设计及运行等先进技术研发应用，支撑建设适应大规模可再生能源和分布式电源友好并网、源网荷双向互动、智能高效的电网；**二是持续推进先进信息技术与能源领域的深度融合发展**，推动能源产、运、储、销、用各环节设施的数字化升级，开展各种能源厂站和区域智慧能源系统集成试点示范，构筑能源系统各环节数字化智能化创新应用体系，加快能源产业数字化智能化升级；**三是加快突破氢能、储能等新模式创新应用**，有序推进氢能在交通领域的示范应用，拓展在分布式发电、工业等领域的应用，推动新型储能❶与新能源、常规电源协同优化运行，实现用户侧新型储能灵活多样发展，着力提升电力安全保障水平和系统综合效率。

2019年5月，国家标准化管理委员会、国家能源局发布《关于加强能源互联网标准化工作的指导意见》，明确提出完成能源互联网标准化工作路线图和标准体系框架建设。根据全国标准信息公共服务平台系统的查询，截至2023年7月，中国能源互联网行业部分指导性国家标准3项、推荐性国家标准9项。能源互联网标准内容涉及基础标准、互动标准、关键设备、数据平台、信息互

---

❶ 新型储能：指除抽水蓄能外，以电力为主要输出形式的储能技术。

联等领域，旨在推动能源互联网标准的顶层设计，如表 1 - 12 所示。

表 1 - 12 中国能源互联网国家标准

序号	标准名称	状态
1	GB/Z 41237－2022《能源互联网系统 术语》	已实施
2	GB/Z 41238－2022《能源互联网系统 用例》	已实施
3	《能源互联网系统 总则》	正在起草
4	GB/T 42320－2023《能源互联网规划技术导则》	即将实施
5	GB/T 42322－2023《能源互联网系统 主动配电网的互联》	即将实施
6	GB/T 41235－2022《能源互联网与储能系统互动规范》	已实施
7	GB/T 41236－2022《能源互联网与分布式电源互动规范》	已实施
8	《能源互联网系统－智能电网与热、气、水、交通系统的交互》	征求意见中
9	《能源互联网与电动汽车互动规范》	征求意见中
10	《能源互联网系统 架构和要求》	正在起草
11	《能源互联网数据平台技术规范》	正在起草
12	《能源互联网交易平台功能规范和技术要求》	正在审查

1.3.3 市场机制类政策

市场机制是能源互联网持续创新发展的重要保障。实施新一轮电力体制改革以来，我国电力市场建设稳步有序推进。2016 年 12 月，国家发展改革委、国家能源局印发《〈电力中长期交易基本规则（暂行）〉通知》，计划即日起在全国范围内开展电力中长期市场交易。2017 年 8 月，国家发展改革委、国家能源局印发《关于开展电力现货市场建设试点工作的通知》，选择南方（以广东起步）、蒙西、浙江、山西、山东、福建、四川、甘肃等 8 个地区作为第一批电力现货市场建设试点。2022 年 1 月，国家发展改革委、国家能源局印发加快建设全国统一电力市场体系的指导意见，提出到 2025 年初步形成有利于新能源、储能等发展的市场交易和价格机制。2023 年 7 月，中央全面深化改革委员会会议审议通过《关于深化电力体制改革加快构建新型电力系统的指导意见》，提出要健全适应新型电力系统的体制机制。我国电力市场多元竞争主体格局初步形成，市场在资源优化配置中的作用明显加强，电力市场建设取得显著成效。表1-13是中国能源互联网市场机制类政策。

"十四五"期间我国能源互联网市场建设与机制完善重点为：**一是加快建设全国统一电力市场体系**，遵循电力运行和市场经济规律，促进新能源、储能等参与市场交易，完善电价政策，在保障电网安全稳定运行的前提下提高电网运行的经济性和电力资源优化配置的水平，通过市场手段引导新能源与传统化石能源有效平稳转换，发挥电力市场对能源清洁低碳转型的支撑作用。**二是完善能源清洁低碳转型的体制机制**，推动构建以清洁低碳能源为主体的能源供应体系，建立健全绿色能源消费促进机制，完善能耗"双控"和非化石能源目标制度，健全能源预测预警机制，构建电力系统安全运行和综合防御体系，健全能源供应保障和储备应急体系。**三是进一步推动新型储能参与电力市场和调度运用**，建立完善适应储能参与的市场机制，鼓励新型储能自主选择参与电力市场，坚持以市场化方式形成价格，持续完善调度运行机制，发挥储能技术优势，提升储能总体利用水平，保障储能合理收益。

表1-13　　　　中国能源互联网市场机制类政策

政策名称	颁布时间	政策内容
《电力中长期交易基本规则（暂行）》（发改能源〔2016〕2784号）	2016年12月	计划即日起在全国范围内开展电力中长期市场交易
《关于开展电力现货市场建设试点工作的通知》（发改办能源〔2017〕1453号）	2017年8月	选择南方（以广东起步）、蒙西、浙江、山西、山东、福建、四川、甘肃等8个地区作为第一批试点，加快组织推动电力现货市场建设工作
《关于深化电力现货市场建设试点工作的意见》（发改办能源规〔2019〕828号）	2019年7月	提出要合理设计电力现货市场建设方案、统筹协调电力现货市场衔接机制、建立健全电力现货市场运营机制、强化提升电力现货市场运营能力、规范建设电力现货市场运营平台、建立完善电力现货市场配套机制

续表

政策名称	颁布时间	政策内容
《关于做好电力现货市场试点连续试结算相关工作的通知》（发改办能源规〔2020〕245号）	2020年3月	提出做好电力中长期交易合同衔接工作，加强电力现货市场结算管理，充分发挥价格信号对电力生产、消费的引导作用，形成合理的季节和峰谷分时电价，规范确定市场限价，加强市场运营机构及技术支持系统开发方中立性管理，加强市场力风险防范，严格市场注册管理
《电力中长期交易基本规则》（发改能源规〔2020〕889号）	2020年6月	对《电力中长期交易基本规则（暂行）》（发改能源〔2016〕2784号）进行了修订
《关于进一步深化燃煤发电上网电价市场化改革的通知》（发改价格〔2021〕1439号）	2021年10月	● 有序放开全部燃煤发电电量上网电价。燃煤发电电量原则上全部进入电力市场，通过市场交易在"基准价+上下浮动"范围内形成上网电价。现行燃煤发电基准价继续作为新能源发电等价格形成的挂钩基准。 ● 扩大市场交易电价上下浮动范围。将燃煤发电市场交易价格浮动范围由现行的上浮不超过10%、下浮原则上不超过15%，扩大为上下浮动原则上均不超过20%，高耗能企业市场交易电价不受上浮20%限制。电力现货价格不受上述幅度限制。 ● 推动工商业用户都进入市场。各地要有序推动工商业用户全部进入电力市场，按照市场价格购电，取消工商业目录销售电价。鼓励地方对小微企业和个体工商户用电实行阶段性优惠政策。 ● 保持居民、农业用电价格稳定。居民（含执行居民电价的学校、社会福利机构、社区服务中心等公益性事业用户）、农业用电由电网企业保障供应，执行现行目录销售电价政策。各地要优先将低价电源用于保障居民、农业用电
《关于加快建设全国统一电力市场体系的指导意见》（发改体改〔2022〕118号）	2022年1月	到2025年，全国统一电力市场体系初步建成，国家市场与省（区、市）/区域市场协同运行，电力中长期、现货、辅助服务市场一体化设计、联合运营，跨省跨区资源市场化配置和绿色电力交易规模显著提高，有利于新能源、储能等发展的市场交易和价格机制初步形成。到2030年，全国统一电力市场体系基本建成，适应新型电力系统要求，国家市场与省（区、市）/区域市场联合运行，新能源全面参与市场交易，市场主体平等竞争、自主选择，电力资源在全国范围内得到进一步优化配置

政策名称	颁布时间	政策内容
《关于完善能源绿色低碳转型体制机制和政策措施的意见》（发改能源〔2022〕206号）	2022年1月	● 完善引导绿色能源消费的制度和政策体系，完善能耗"双控"和非化石能源目标制度，建立健全绿色能源消费促进机制，完善工业领域绿色能源消费支持政策，完善建筑绿色用能和清洁取暖政策，完善交通运输领域能源清洁替代政策。 ● 建立绿色低碳为导向的能源开发利用新机制，建立清洁低碳能源资源普查和信息共享机制，推动构建以清洁低碳能源为主体的能源供应体系，创新农村可再生能源开发利用机制，建立清洁低碳能源开发利用的国土空间管理机制。 ● 完善新型电力系统建设和运行机制，加强新型电力系统顶层设计，完善适应可再生能源局域深度利用和广域输送的电网体系，健全适应新型电力系统的市场机制，完善灵活性电源建设和运行机制，完善电力需求响应机制，探索建立区域综合能源服务机制。 ● 健全能源绿色低碳转型安全保供体系，健全能源预测预警机制，构建电力系统安全运行和综合防御体系，健全能源供应保障和储备应急体系
《关于进一步推动新型储能参与电力市场和调度运用的通知》（发改办运行〔2022〕475号）	2022年5月	建立完善适应储能参与的市场机制，鼓励新型储能自主选择参与电力市场，坚持以市场化方式形成价格，持续完善调度运行机制，发挥储能技术优势，提升储能总体利用水平，保障储能合理收益，促进行业健康发展
《关于进一步完善市场导向的绿色技术创新体系实施方案（2023—2025年）》（发改环资〔2022〕1885号）	2022年12月	● 推进绿色技术交易市场建设。根据区域绿色技术发展优势和应用需求，布局建设若干国家绿色技术交易平台。健全绿色技术交易平台管理制度，完善基础甄别、技术评价、供需匹配、交易佣金、知识产权服务和保护等机制，提升绿色技术交易服务水平。 ● 健全绿色技术推广机制。以节能降碳、清洁能源、资源节约集约循环利用、环境保护、生态保护修复等领域为重点，适时遴选先进适用绿色技术，发布绿色技术推广目录。通过向国家绿色技术交易平台和产业知识产权运营中心推送、组织开展绿色技术交流等方式，加快绿色技术推广应用。 ● 鼓励绿色技术产品应用。推进首台（套）重大技术装备保险补偿机制试点建设，鼓励国有企业采购、使用绿色技术首台（套）装备，推动修订《政府采购法》，加大政府绿色产品采购力度，完善绿色产品认证与标识体系

续表

政策名称	颁布时间	政策内容
《关于第三监管周期省级电网输配电价及有关事项的通知》（发改价格〔2023〕526号）	2023年5月	直接核定输配电价，更加合理反映输配电成本传导关系；工商业用户逐步归并，分电压等级核定电价；分电压等级核定容量电价和需量电价，完善不同电压等级价格结构；建立负荷率激励约束机制，提高电力设备利用效率；输配电价以外价格单独开列，明确用户各类价格构成；居民、农业用户保持稳定，继续执行目录销售电价
《关于抽水蓄能电站容量电价及有关事项的通知》（发改价格〔2023〕533号）	2023年5月	核定在运及2025年底前拟投运的48座抽水蓄能电站容量电价
《关于深化电力体制改革加快构建新型电力系统的指导意见》	2023年7月	提出要健全适应新型电力系统的体制机制，推动加强电力技术创新、市场机制创新、商业模式创新，要推动有效市场同有为政府更好结合，不断完善政策体系，做好电力基本公共服务供给

1.4 小 结

本章将能源互联网政策体系分为发展战略与规划、科技计划与研发布局、市场机制三类，并对美国、欧盟、日本和中国的各类政策进行了梳理分析。综合来看，在能源互联网的建设过程中，世界范围内主要国家/地区聚焦能源转型和能源互联网发展，均积极出台相关政策法规以推动能源绿色低碳、安全供应、经济可行，但基于自身禀赋和能源系统特点各有侧重。对比分析国内外能源互联网发展政策，可以得出如下3点结论。

发展清洁能源是能源互联网推动能源系统绿色转型的关键。各国在发展能源互联网时，都强调清洁能源的重要性，将发展清洁能源作为能源互联网可持续发展的关键路径。美国大力发展海上风能和清洁氢能，重视研发关键清洁能源技术；欧盟以气候中和目标倒逼清洁能源发展，大力发展太阳能光伏和光热、陆上风能和海上可再生能源、电池、储能等净零技术；日本构筑"氢能社会"，以氢能推动能源系统清洁、高效转型；中国坚持生态优先、绿色发展，壮大清洁能源产业，推动电力系统向适应大规模高比例新能源方向演进。

技术创新是能源互联网推动能源系统智慧高效的重要手段。各国在能源互联网发展中注重技术创新，将技术创新作为实现能源互联网智慧高效运行的核心驱动力。美国加强能源基础设施建设，打造"韧性"能源互联网；欧盟进行能源系统整体规划，积极建立低碳、安全、可靠、灵活、经济高效、以市场为导向的泛欧综合能源系统；日本围绕氢能发展，支持燃料电池、氢供应链、电解技术等领域技术发展；中国从能源技术和数字化技术双重发力，不断加快战略性、前瞻性电网核心技术攻关，持续推进先进信息技术与能源领域的深度融合发展。

完善市场机制是能源互联网推动能源系统高质量发展的关键方向。各国在能源互联网发展中都认识到市场机制的重要性，不断激发创新和竞争，提高能源效率，降低成本，并增加清洁能源的比例。美国通过多个方面的措施，如税收减免、资金支持和引入市场竞争，促进可再生能源的发展并减少对化石燃料的依赖；欧盟致力于建设机制不断完善的电力市场，在电力市场机制设计、资金支持等领域不断加强立法；日本通过税收优惠、财政补贴等政策促进清洁能源产业发展，并通过非化石能源证书制度促进清洁能源消纳；中国加快建设全国统一电力市场体系，不断完善能源清洁低碳转型的体制机制。

（本章撰写人：王春明、时庆　审核人：代红才）

2

技术创新

能源互联网的发展，一方面需要可再生能源、分布式发电、智能电网等先进能源技术与物联网、大数据、移动互联网等新兴信息技术的不断进步，另一方面又必须突破传统思维定式与理论框架束缚，利用互联网思想实现先进能源技术与先进信息技术的深度融合。在能源革命和数字革命双重驱动下，能源科技创新进入持续高度活跃期，已成为发展能源互联网、促进能源清洁低碳转型的核心驱动力。本章基于能源互联网的技术体系，梳理总结了关键技术最新研发动态。

2.1　技　术　体　系

能源互联网作为能源技术和信息技术的深度融合，其技术体系涉及能源网络协同、信息物理系统融合、创新运营模式等多领域技术的交叉融合。2019、2020 年《国内外能源互联网发展分析报告》已提出能源互联网技术体系应包括先进能源技术、能源数字融合技术、应用支撑技术三大类[5]，如图 2-1 所示。

图 2-1　能源互联网技术体系

其中，先进能源技术是能源系统自身在能源生产、转换、传输、存储、消费等各环节的技术进步，通过建设高比例可再生能源接入、多能互补的能源网络，实现能源互联网的高效化与协同化。能源数字融合技术是将先进信息通信技术引入能源系统，建设开放共享的能源信息网络，同时利用"大云物移智链"等先进互联网技术实现能源互联网的智能化与数字化。应用支撑技术是利用先进的控制技术和信息技术进一步革新能源系统，通过能源互联网的虚拟化和市场化，建设主体互动、自由交易、安全高效的能源生态系统。

2.2 先进能源类关键技术发展

能源互联网最根本的理念是实现高比例可再生能源的利用和综合能效提升，互联网思维推动着能源系统向多能源开放互联、对等接入和自由转换传输的方向发展。因此，其技术架构首要关注的是能源系统自身在生产、转换、传输、存储、消费等各环节的技术进步，通过电、热、冷、气等多能源品种的高效转换和互补利用，提升可再生能源消纳能力和能源系统整体效率，其关键技术包括多能耦合技术、微电网技术、氢能技术、储能技术等。

2.2.1 多能耦合技术

（一）技术概况

多能耦合技术是能源互联网实现不同能源开放互联、高效转换的核心技术。能源转换除了常规的利用发电机等各种技术手段将一次能源转换成电力等二次能源外，还包括利用电解水制氢、热电耦合等技术，将电能转换为热、冷、气等其他形式能源的技术，即 P2X（Power to X）技术。

P2X 是指电能向热、冷、气等其他终端能源品类的转换，包括电转热、电转冷、电转气（制氢或甲烷）、电制液体燃料等。除电转热、电转冷外，其他形式的 P2X 均以电制氢为基础。P2X 技术分为常规 P2X 技术和新型 P2X 技术两类，如图 2-2 所示。其中，常规 P2X 技术指以空调为代表的电转冷、电转热技术，已进入商业化大规模应用阶段；新型 P2X 技术是 P2X 技术的核心，是指电制氢等仍需技术突破和产业化应用的技术，也是当前学术界、产业界关注的焦点。

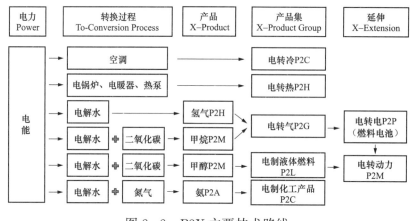

图 2-2　P2X 主要技术路线

（二）发展现状

当前能源转换形式多样，按照技术成熟度和商业化应用程度可分为常规能源转换技术和新型能源转换技术。典型能源间转换效率见表 2-1。常规能源转换技术具有转换效率高、技术成熟度高、商业化应用程度广的特点。如电转热技术，电锅炉的转换效率达到 90% 以上，地源热泵的能效比为 3～5；以空调为主要设备的电转冷技术的能效比达到了 2.6～3.5，冷热电三联供（Combined Cooling Heating and Power，CCHP）技术的系统转换效率超过 90%。

随着"双碳"目标的提出，中国加快发展多能转换项目应用。根据前瞻产业研究院《2023-2028 年中国多能互补行业市场前瞻与投资战略规划分析报告》，2018-2022 年中国多能转换项目的中标数量和规模呈现较大幅度的上涨，2018 年我国多能转换中标项目 27 个，项目总规模为 10.55 亿元；2021 年中标项目数量达 104 个，项目规模达 54.14 亿元。截至 2022 年 12 月底，中标项目总数达 322 个，中标项目规模突破 300 亿元。

表 2-1　　　　　　　　　　典型能源间转换效率情况

类别	代表性技术及设备	转换效率
光→电	光伏组件	16%～18%
风→电	风机	3%～38%
电→热	电锅炉	90%～95%
	热泵	3～5（能效比）
电→冷	空调	2.6～3.5（能效比）
电→气	氢气	60%～75%
	天然气甲烷	50%～60%
氢气→电	燃料电池	40%～60%
天然气甲烷→电	燃气轮机	45%～60%

冷热电三联供技术，国外发展成熟，现处于大规模推广应用阶段，国内 CCHP 技术起步较晚，受气源短缺影响，处于小规模试点阶段。冷热电三联供技术是能源互联网实现能效提升的重要元素。CCHP 技术可提高一次能源的利用效率，实现能源的梯级利用。美国 CCHP 总装机容量占全国发电量超过 15%，2020 年末实现 50% 新建筑和 15% 现有建筑均采用 CCHP 系统。丹麦 80% 以上的区域供热能源采用热电联产方式产生，其发电量超过全部发电量的 50%。日本计划到 2030 年 CCHP 装机容量将达到 1630 万 kW。我国已在北京、上海等大中型城市建设多类型楼宇项目的 CCHP 系统，但由于气源气价等因素以及设计运营经验不足，经济效益偏低。

燃料电池热电联供技术，在日本已经初具应用规模。该技术原理的核心是依赖氢和氧的化学反应发电，同时收集这一过程中产生的热能，实现家庭的电、热联合供应，整体能源利用效率接近 90%。该技术的创新之处是氢气的获取方式上，结合日本当前氢能发展尚未实现户用氢气直供这一客观事实，在家用燃料电池的前端布设了甲烷裂解装置，通过入户天然气管道提取氢气驱动燃料电池工作，其基本原理如图 2-3 所示。该技术在日本已经初具应用规模，东京燃气、大阪燃气、东邦燃气、西部燃气、新日本石油及 Astomos 能源等 6 家公司，联合推出了一种基于该技术的家用热电联产系统——ENE-FARM，至今已成功销售10万台。此外，家用燃料电池热电联供技术的另一项应用场景是和户用光伏协调起来，配合供给家用电能，以弥补新能源的波动性，并且在电能富裕或者上网电价具有优势的情况下还能向电网送电，为用户带来额外的收益。

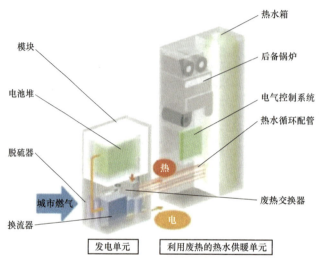

图 2-3　日本的家用燃料电池热电联产系统

区域低温热电联供技术，在丹麦实现大规模应用。该技术原理的核心是在源端采用集中式热电厂的方式提供热能和电能、在终端推广各类型的热泵或电锅炉等分布式电转热设备，整体实现区域低温供暖（区域供暖入水、回水温度分别为40、22℃），进一步提升区域供热系统、供电系统的效率和灵活性，并加大可再生能源占比，促进能源系统的绿色低碳发展，如图 2-4所示。该技术在丹麦快速推进，电力系统与热力系统之间的互联互动变得更加紧密。一是电、热系统之间的关系从传统以大中型热电联产系统为代表的供给侧热源与高中压电网的互联互动拓展至以小微型热泵或电加热器为代表的负荷侧热源与低压电网的互联互动，从而使丹麦的区域能源朝着全分布式系统的方向发展。二是打破了热电联产厂"以热定电"的运行方式，实现了其热电解耦，极大地释放了热电联产厂在电力系统中的灵活性，用于参与北欧电力市场促进风电等新能源消纳。三是源端除接入热电联产机组外，还可以灵活接入太阳能集热器、热泵、电锅炉、工业余热等，配以蓄热装置，实现对可再生能源、工业余热等低品位热源利用，替代化石能源。

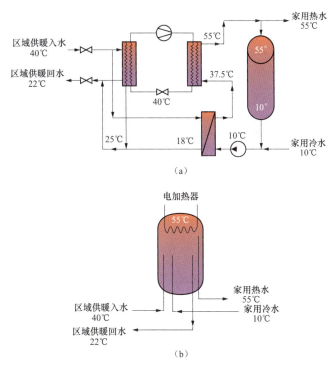

图 2-4 低温区域供暖家庭用户侧二次加热方式示例

（a）热泵原理图；（b）电加热示意图

（三）发展趋势

结合冷热电三联供形成能源集成系统是未来的重点发展方向，通常包括蓄能系统、热回收热泵系统、地源热泵系统及江水源热泵系统、可再生能源利用措施等多种技术路径的结合。其中，地源、江水源热泵可消耗较少的电能提供安全可靠的冷热源，系统可供暖、制冷、供生活热水，实现一机多用。蓄能系统利用夜间廉价电力制备白天需求的空调冷热能，如冰蓄冷、水蓄冷技术通过"削峰填谷"缓解峰电时段用电紧张问题，同时提高整个能源系统的经济性。

2.2.2 微电网技术

（一）技术概况

微电网（Microgrid）的概念最早由美国电力可靠性技术解决方案协会（Consortium for Electric Reliability Technology Solutions，CERTS）于 2002 年提出。根据其定义，微电网作为一个可控实体与配电网相连，并网运行时可充分发挥自主可控性能，通过各种电力电子转换装置实现微电网与配电网的协调运行；独立运行时，微电网应能够满足本地用户对电能质量的要求，确保重要负荷可靠运行。

世界各国发展微电网的驱动力和历程不同，对微电网定义的理解存在一定差异。其中，美国重点考虑用户的电能质量和供电可靠性，关注微电网的"可控"和"自治"；欧盟更多考虑微电网在提升清洁能源发电渗透率、满足用户对多样化能源和电能质量需求等方面的潜力；日本对微电网的需求集中在解决海岛供电和提升供电可靠性，其关于微电网的定义更多地强调"自治"。

现行中国国家标准（GB/T 33589－2017《微电网接入电力系统技术规定》、GB/T 51341－2018《微电网工程设计标准》等）提出微电网的定义如下：微电网是由分布式发电、用电负荷、监控、保护和自动化装置等组成（必要时含储能装置），是一个能够实现内部电力电量基本平衡的小型供用电系统。微电网分为并网型微电网和独立型微电网。国家发展改革委、国家能源局在 2017 年发布的《推进并网型微电网建设试行办法》（发改能源〔2017〕1339 号）中，给出了微电网"微型、清洁、自治、友好"的基本特征，进一步细化了微电网定义中电压等级、系统容量、可再生能源装机容量及占比、能源综合利用效率以及与输配电网的交互电量等量化指标要求。

（二）发展现状

北美和亚太是微电网技术最早发展和应用的国家地区。根据国际有关机构的统计，截至 2022 年底，全球规划、在建及投入运行的微电网工程超过 6610

个，总装机容量超过 31 784MW。其中，北美和亚太是世界两大微电网市场，占全球微电网总容量的 2/3 以上，容量占比分别为 36％和 30％。北美地区的微电网以并网型为主，多应用于工商业，亚太地区的微电网以独立型和弱联网型为主，多应用于偏远地区。

微电网项目在全球范围内已达一定规模，美国、澳大利亚是主要市场。根据 GlobalData 的研究，2022 年全球微电网市场价值增长至 289 亿美元，预计到 2027 年将达到 607 亿美元，预计 2023－2027 年间该市场的复合年增长率将达到 16％。截至 2020 年 3 月，全球主要地区开展的微电网项目共有 7181 个，其中在运的微电网项目为 5544 个，63％是光伏微电网或光伏混合微电网，21％接入水电，11％接入柴油/重油发电机。在全球范围内，美国和澳大利亚可能是微电网增长最快的市场。在美国，提高电力系统应对自然灾害的恢复能力与微电网能够独立运行的特性高度契合，成为发展微电网的主要动因。在澳大利亚，光照资源丰富、负荷分散使得微网更具经济性，一些新项目已经开始在偏僻孤立地区发展起来，如离网采矿场，用以节约能源成本，减少温室气体排放。

中国随着国家行业扶持政策的推进、核心技术的进步与下游应用领域的拓展，加快微电网技术研发和推广，已从起步阶段步入快速发展阶段。2017 年 5 月，国家发展改革委、国家能源局联合印发《关于新能源微电网示范项目名单的通知》，28 个新能源微电网示范项目获批，带来新增光伏装机容量 899MW，新增电储能装机容量超过 150MW。2022 年 3 月，国家发展改革委、国家能源局印发了《"十四五"现代能源体系规划》，提出积极发展以消纳新能源为主的智能微电网，实现与大电网兼容互补，在具备条件的农村地区、边远地区探索建设高可靠性可再生能源微电网，鼓励具备条件的重要用户发展分布式电源和微电网。2022 年 4 月，国家能源局和科技部联合发布了《"十四五"能源领域科技创新规划》，提出开展岛屿可再生能源开发与智能微网关键技术攻关，突破分布式储能与分布式电源协同控制和区域能源调配管理技术，提高配电网对分布式光伏的接纳。截至 2022 年底，中国约有 281 个已经完工的微电网项目，其中可再生装机容量约为 725MW。预计中国微电网行业市场规模将在 2023 年突破 70 亿元，2019—2023 年年复合增长率将达到 12.0%，市场有较大的发展空间。应用领域方面，校园与公共机构领域、社区居住领域以及工商业区为微电网主要三大应用领域，应用占比分别为 45.5%、20.6%、16.8%，合计占比超过 80%[1]。表 2-2 总结了中国典型微电网试点示范项目的主要特点。

表 2-2　　　　　　　　　　中国典型微电网示范项目情况

项目名称	系统组成	主要特点
天津中新生态城二号能源站综合微电网	400kW 光伏发电，1498kW 燃气发电，300kW·h 储能系统，2340kW 地源热泵，1636kW 电制冷机组	灵活多变的运行模式；电冷热协调综合利用
天津中新生态城公屋展示中心微电网	300kW 光伏发电，648kW·h 锂离子电池储能系统，2×50kW×60s 超级电容储能系统	"零能耗"建筑，全年发用电量总体平衡
江苏南京供电公司微电网	50kW 光伏发电，15kW 风力发电，50kW 铅酸蓄电池储能系统	储能系统可平滑风光出力波动；可实现并网/离网模式的无缝切换
浙江南都电源动力公司微电网	55kW 光伏发电，1.92MW·h 铅酸蓄电池/锂离子电池储能系统，100kW×60s 超级电容储能	电池储能主要用于"削峰填谷"
广东佛山冷热电联供微电网	3 台 300kW 燃气轮机	冷热电三联供技术
北京延庆智能微电网	1.8MW 光伏发电，60kW 风力发电，3.7MW·h 储能系统	结合我国配网结构设计，多级微电网架构，分级管理，实现并网/离网平滑切换
国网河北省电科院光储热一体化微电网	190kW 光伏发电，250kW·h 磷酸铁锂离子电池储能系统，100kW·h 超级电容储能，电动汽车充电桩，地源热泵	接入地源热泵，解决其启动冲击性问题；交直流混合微电网

---

[1] 《2022—2028 年微电网行业深度调研及发展前景预测报告》，普华有策。

续表

项目名称	系统组成	主要特点
新奥能源生态城微电网	100kW 屋顶光伏，150kW 三联供机组，2kW 风电，16kW 燃气发电，600kW·h 锂离子电池储能	采用自主研发的系统能效技术和泛能网技术
杭州东部软件园微电网	小型光伏发电 20kW、储能系统 30kW、控制系统、智能配电系统	采用复合分级管理的智能用电方式
常州天合微电网	30kW 柴油发电，5 个 6.72kW 光伏发电系统，50kW·h 储能，智能配电，监控系统，400V 单母线	各种运行模式快速、平滑无缝切换
张北风光储微电网	140kW 光伏发电，10kW 风电，100kW×4h 锂离子电池储能及超级电容，滤波补偿装置	首次实现了离并网自动无缝切换，满足张北基地研究实验楼办公及生活负荷
上海迪士尼微电网	19.6kW 光伏发电，30kW·h 锂离子电池储能，21kW 交流充电桩	我国首个站用电微电网
西安世园会微电网	50kW 光伏发电，12kW 的小型风电，60kW 储能系统	国内首个风光储与微电网、电动汽车充电站一体化应用的系统
长沙黄花机场天然气热电冷多联供	发电机容量 2.3MW，空调面积 42 万 m²，制热能力 17.13MW，制冷能力 27.1MW	分布式冷热电联供、水地源热泵
廊坊新朝阳区块泛能微网	1 台 2MW 的天然气内燃机发动机，1 台 1.3t/h 的烟气余热锅炉	国家级能源标准化示范工程泛能微网项目
肇庆新区泛能项目	一期：1 台 2.5MW 离心冷水机，1 台 1.055MW 的双工况螺杆机组，1 台 0.703MW 螺杆冷水机；二期：1 台 400kW 泛能机，2 台 3.516MW 离心电冷机，1 台 2.989MW 离心电冷机，2 台 2.1MW 燃气热水机	有效促进系统内能源的优化调度和供需互动，成为全国首个大范围使用分布式能源的地区
青岛中德生态园泛能网	包括 1 个大型的区域泛能站和分别布局于住宅区、商业区、产业区的 6 个子泛能站	国内第一个以清洁能源为主、以可再生能源为辅、以智能电网为支撑的智能能源体系，综合节能率达 50.7% 以上

（三）发展趋势

未来在新型能源体系的构建下，微电网的发展将主要定位于作为大电网的有益补充，重点面向偏远地区及海岛供电、高比例分布式可再生能源就地消纳、用户个性化综合能源服务、配电网供电可靠性及系统弹性改善提升等功能及需求。未来微电网在10kV及以上电压等级的接入需求或将增加，交直流混合组网将是主要形式，并将面向台区微网化、配微一体化和综合能源化的方向分阶段有序发展。

2.2.3　氢能技术

（一）技术概况

氢能产业链庞大，主要包括上游生产制备、中游输送分配、存储转换以及下游终端消费等多个环节[6]，其中不同环节的关键技术汇总如图2-5所示。

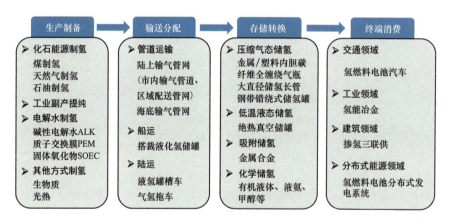

图2-5　氢能产业链关键技术示意图

（二）发展现状

1. 生产制备

氢气的生产主要包括化石能源制氢、工业副产提纯制氢、电解水制氢、生物质发酵制氢以及光催化制氢等方式。其中，利用化石能源制备所得的氢气又称"灰氢"，具体方式包括煤制氢、天然气制氢、石油制氢等；若化石能源制氢设备加装碳捕集装置，对生产过程中排放的二氧化碳进行捕集，则制备所得的氢气成为"蓝氢"。采用可再生能源电解水技术路线制备所得的氢气又称"绿氢"，具体技术路线包括碱性电解水制氢技术（ALK）、质子交换膜技术（PEM）和固体氧化物技术（SOEC）三种。

目前，化石能源制氢、工业副产品提纯制氢的技术成熟度最高，经济竞争力强，广泛应用于工业等领域，但考虑到碳排放问题，未来将以电解水制氢为主要发展方向。

电解水制氢技术中，碱性电解水制氢技术（ALK）最为成熟，在国内已实现大规模工业应用；质子交换膜技术（PEM）动态响应性能最优，未来应用潜力最大；固体氧化物技术（SOEC）效率最高，但仍处于实验室研发阶段。电解水制氢的三种技术路线（即 ALK、PEM、SOEC 中），ALK 技术最成熟，设备成本较最低，约为 4800 元/kW；但系统效率较低，生产每千克氢气的耗电量约为 55kW·h。2030 年 ALK 设备成本有望降低至 3200 元/kW 以下，制备每千克氢气耗电量将降低至 50kW·h 以下，系统效率得到有效提升。PEM 技术可调节能力强，负荷可调节范围为 5％～120％额定功率，可接受波动性电源供电，适用于与可再生能源发电相耦合的场景中。此外，PEM 技术冷启动时间短，爬坡滑坡速率快，动态响应性能优异。但由于其技术成熟度相对较低，设备成本高达 6800 元/kW，生产每千克氢气的耗电量很高，约为 65kW·h，因此目前尚未得到大规模推广应用。未来系统灵活性有望进一步提升，2030 年负荷可调节范围将提升至 10％～150％额定功率，冷启动时间将降低至 12min 以下；设备成本降低至 4000 元/kW 以下。SOEC 效率最高，生产每千克氢气的耗电量约为 45kW·h；但其技术成熟度最低，目前仍处实验室研发阶段，成本居高不下，且对运行环境温度要求较高。2030 年，设备成本有望降低至 7000 元/kW 以下。

2. 运输分配

氢气的输送分配主要包括道路、轮船和管道运输三种方式。其中，陆运方式主要包括液氢槽罐车和气氢拖车，船运方式主要配合搭载液化氢储罐，管道运输方式包括天然气管道掺氢和纯输氢管道两种。

在氢能产业发展初期，将以陆运方式为主；中远期，随着产业规模化与集群化发展，管道运输将成为主流输氢方式，如图2-6所示。陆运运输中，气氢拖车技术成熟，初始投资成本低，适用于小规模和短距离运输，但运输效率较低，可变成本较高；液氢槽车的单车运氢能力是气氢拖车的10倍以上，但目前氢气液化过程能耗较高，技术不成熟，在国内仅应用于航天及军工领域。轮船运输目前处于初步实践应用阶段，一般要与液氨储氢、液氢、液态有机氢等储运技术结合。在管道运输方面，德国、法国、英国、澳大利亚、荷兰等多个国家均已开展天然气管道掺氢的相关探索，目前最高掺氢比例不超过20%，澳大利亚已验证10%的掺氢比例不会对管道、设备造成影响。考虑到氢气较宽的燃烧极限、更快的燃烧速率以及对金属材料的氢脆劣化作用，未来亟须验证和解决更高掺氢比例下的安全问题。纯输氢管道的初始投资成本高，约为天然气管道造价的2倍，但输送容量大，边际成本低，是远期大规模输氢的主要方式。目前我国输氢管道仅有100km，尚处于初步发展阶段，远远落后于美国（25 757km）和欧洲（1500km）。

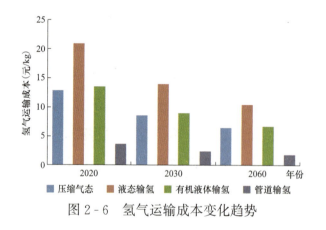

图2-6 氢气运输成本变化趋势

3. 存储转换

根据氢的物理特性与储存行为特点，可将各类储氢方式分为压缩气态储氢、低温液态储氢、吸附储氢（氢化物/液体有机氢载体）、化学储氢（液氨/甲醇）和地下盐穴储氢等。

目前，国内外技术成熟度最高、应用最广泛的方式为压缩气态储氢，未来随着脱氢技术瓶颈的突破，吸附储氢和化学储氢有望凭借其储氢密度高、安全性能好等综合优势成为主流方式。压缩气态储氢技术成熟度最高，具有充放速度快、能耗低、初始成本低等优势，在国内外广泛应用，但同时也面临着体积密度低、安全性较差等问题。低温液态储氢纯度高、储氢密度大，但氢气液化过程中能耗极高，液氢挥发速率高达 0.3％/天，目前在国外应用较多，国内应用仅限于航空领域，民用领域尚未得到推广。吸附储氢是指通过金属合金、碳质材料、水合物等对氢的吸附来达到储氢的作用，储氢安全性能高，无需高压容器，氢气纯度高，但成本高，吸放条件苛刻。化学储氢是指利用储氢材料与氢气反应生成稳定化合物（例如有机液体、液氨、配位氢化物、甲醇）等，通过改变反应条件实现放氢，要配备相应的加氢、脱氢装置。化学储氢密度高、安全，且可多次循环使用，但仍需解决加氢、脱氢过程操作条件苛刻、反应效率较低、成本高昂等问题。

（三）发展趋势

未来，考虑电制氢和储氢可以起到灵活性负荷和长时间能量储存调节作用，中远期将为电力系统在高比例可再生能源发展阶段中提供优质系统调节资源。一方面，电制氢作为可控负荷，调节性能优异，可用于系统调峰、调频。例如，质子交换膜电制氢设备的调峰深度可达到 100％～160％，爬坡速率为 100％/s，冷启动时间为 5min。另一方面，氢能适用于大规模和长周期储能，可提升未来高比例新能源情景下的调节能力。氢能储能规模可从千瓦级到吉瓦级，若采用洞穴储氢，存储能力可达百吉瓦·时，储能时间可从几小时到几个月，可实现跨季节储能调峰。

2.2.4 储能技术

（一）技术概况

随着能源结构清洁转型不断深化，储能在未来能源发展格局中将扮演至关重要的角色，其独特的"能量转移"功能是解决新能源接入间歇性和波动性问题的重要技术路径，是实现能源互联网多能互补的重要手段。储能在电力系统中的应用可分为电源侧、电网侧和用户侧三大环节，包括新能源并网、电网辅助服务、分布式及微电网、工商业储能、电动汽车动力电池梯次利用等应用场景。2021 年，国家能源局提出新型储能是指除抽水蓄能外，以电力为主要输出形式的储能技术，未来将成为助力能源转型的重要技术方式。

（二）发展现状

从技术分布上来看，全球储能规模仍以抽水蓄能为主，占比 79.3%，其次为新型储能和熔融盐储热。根据中国能源研究会储能专委会/中关村储能产业技术联盟全球储能项目库的不完全统计，截至 2022 年底，全球投运储能项目累计装机规模 237.2GW，年增长率 15%，新型储能的累计装机规模为 45.7GW，是 2022 年同期的近 2 倍，年增长率 80%，其中，锂离子电池占据绝对主导地位，市场份额超过 90%，年增长率超过 85%。2022 年，全球储能市场继续高速发展，新增投运电力储能项目装机规模 30.7GW，同比增长 98%。其中，新型储能新增投运规模首次突破 20GW，达到 20.4GW，是 2021 年同期的 2 倍。

截至 2022 年底，中国已投运电力储能项目累计装机规模 59.8GW 占全球市场总规模的 25%，年增长率 38%。新型储能继续高速发展，累计装机规模达到 13.1GW/27.1GW·h，功率规模年增长率达 128%，能量规模年增长率达 141%。2022 年，中国新增投运电力储能项目装机规模首次突破 15GW 达到 16.5GW，其中，抽水蓄能新增规模 9.1GW，同比增长 75%；新型储能新增规模创历史新高，达到 7.3GW/15.9GW·h，功率规模同比增长 200%，能量规模同比增长 280%；新型储能中，离子电池占据绝对主导地位，比重达 94%，此外，压缩空气储能、液流电池、钠离子电池、飞轮等其他技术路线的项目，在规模上有所突破，应用模式逐渐增多。

（三）发展趋势

未来，电化学储能技术有望成为能源互联网中能源存储的核心，储能装置经济性和容量水平的提升是实现商业化应用的关键。从应用的技术类型来看，近中期以锂离子、铅蓄和液流电池为主，远期新一代储能技术将实现突破。"十四五"期间储能应用仍主要以锂离子电池、铅蓄电池和液流电池为主，并开展超临界压缩空气储能、飞轮储能、钠硫电池、超级电容及超导储能的应用示范。2025－2030 年，电化学储能成本将达到抽水蓄能水平，可实现系统级调峰等应用。远期将开发出具备高安全、长寿命、低成本特征的新一代储能技术，实现新概念储能技术（如液体电池、镁基电池、超导储能等）的重大突破，全面满足不同电网应用场景的技术要求。

2.3　能源数字融合类关键技术发展

能源互联网的建设将广泛挖掘潜藏信息价值，赋予系统感知、预测和决策能力，提升市场调节水平，实现多种能源间的余缺互济，逐级消纳供需矛盾、平抑波动。这就需要将先进信息技术与能源技术深度融合，通过能量流与信息流的贯通，实现能源系统全环节智能化和分布式能源即插即用，以及能源链的资源和信息开放共享，为消费者提供低成本、更优质的能源服务。其关键技术包括"大云物移智链"等先进信息技术在能源领域的应用创新。

2.3.1　大数据技术

（一）技术概况

大数据技术立足于对海量能源信息数据的分析计算和深度挖掘，助力能源互联网实现智能化用能决策和高效运维管理。能源互联网中的大数据来自管网安全监控、经济运行、能源交易和用户电能计量、燃气计量及分布式电源、电动汽车等。

（二）发展现状

面向能源互联网的能源大数据基本架构由应用层、平台层、数据层以及物理层组成，如图 2-7 所示。能源大数据的物理层包括了能源生产、能源传输、能源消费全环节以及每一环节的各类能源装备。通过装设在能源网络和能源装备的传感器装置和能源表计获取系统运行信息及设备健康状态信息，并将数据信息交由智能运营维护与态势感知系统实现数据可视化展示、状态监测、智能预警和故障定位等功能。信息通信与智能控制系统则负责能源系统各环节、各设备间的通信以及控制。所产生的海量数据均与气象环境等外部系统数据一同存储在能源大数据的专用数据库中，以进一步加工并用于能效情况评价、风险辨识评估以及能源经济利用分析等功能中。基于能源大数据技术可实现能源生产侧的可再生能源发电功率的精准预测并协同电-气-冷-热的多样化能源优化配置；在能源传输侧实现智能化的能源网络在线运营维护，有效监控能源系统的运行状态，自动辨识故障位置；为能源消费侧的用户提供能效分析与能效提升服务，并可整合能源消费侧的各类负荷资源，实现需求侧响应，充分提高能源利用效益。

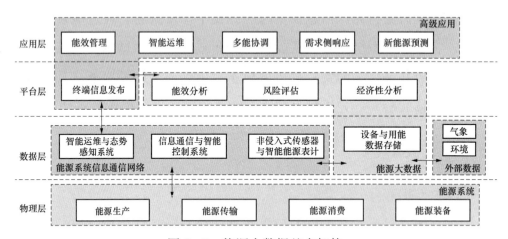

图 2-7 能源大数据基本架构

（三）发展趋势

未来，大数据技术将助力能源互联网安全、稳定、经济、协同运行，催生新的商业模式。如图 2-8 所示，具体包括：通过建设集电网、分布式电源、能源微网、储能等装置的营配运一体化大数据平台，辅助能源互联网的多源系统协同运行决策；通过对能源系统实时运行数据和历史数据进行深层挖掘分析，实现对能源互联网运行状态的全局掌控，提高能源互联网运行的安全性和可靠性；综合分析能源互联网中各参与主体的心理、行为与地域、气候、居住环境等各种外部因素间的关系，为创新能源互联网商业模式提供参考依据。

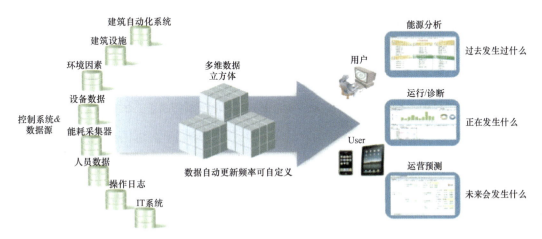

图 2 - 8　大数据技术在能源互联网中的应用

2.3.2　云计算技术

（一）技术概况

云计算技术为能源互联网随时随地、按需匹配、便捷获取计算资源提供解决方案。在能源互联网中，利用有限的软硬件计算资源，将分散的能源资源数据在"云端"集成为新的"有机体"，实现广域能源信息共享，从整体进行智能计算，使能源资源配置更经济高效。

（二）发展现状

美国是云计算的发源地，是云计算市场发展最快、规模最大的国家。2009年即发布《联邦政府云计算战略》，提出采用创新思维统合部门之间的管理资源，制定完整的云战略路线图，激励效率优先、灵活应对、鼓励创新等手段，重点关注安全、服务、市场特征、政府支持度以及 IT 的生命周期，协助企业开发云计算商业案例库，同时提出了联邦数据中心整合决议，整合联邦政府分散的数据中心环境，加速云计算商业及公共应用的步伐。

欧盟以打造"共同的数据空间"为目标发展云计算技术。2018 年由德国和法国联合启动 Gaia-X 项目，旨在建立一个能够支持欧盟云服务提供商的生态系统，包括 5 大核心要素：分散的基础设施、安全可靠的服务、透明度、开源原则和生态系统，到 2022 年 Gaia-X 已拥有超过 270 名来自欧盟和世界各国的成员，包括谷歌、IBM、微软、华为和阿里巴巴。

中国云计算技术处在快速发展阶段。2018 年工业和信息化部《推动企业上云实施指南（2018-2020 年）》的政策推出，进一步优化了云计算产业发展和行业应用环境，激发了云计算产业发展动力。据中国信息通信研究院披露的数据显示，2020 年我国经济稳步回升，云计算市场呈爆发式增长，云计算整体市场规模达 2091 亿元，增速 56.6%；2021 年中国云计算市场规模达到 3102 亿元，增速 48.35%。

（三）发展趋势

未来，云计算在能源互联网中的应用范围将从企业云、局域云拓展到广域云，为能源产业链源网荷储全局优化调度提供云计算服务。随着企业上云政策的推进，加快实现能源企业数据信息云端化；根据分布式电源、储能设备和电动汽车等间歇性电源与负荷接入能源互联网的规模，构建基于局域云计算的调度决策平台；进而随着先进的通信技术和物联网技术的发展，实现能源互联网广域范围内基于云计算的能源管理、负荷预测、能源交易等。

2.3.3　物联网技术

（一）技术概况

在能源互联网时代，数据采集和联接需要深度下沉，物联网技术是能源互联网实现广泛互联的重要支撑技术。基于广域信息传感和低功耗通信，物联网技术弥补了传统通信技术无法监测与控制用能设备的不足，可有效获取能源互联网感知层的原始数据，为需求侧响应"最后一公里"提供技术保证。

（二）发展现状

欧美日韩等发达国家或地区早已在国家战略层面推动物联网技术在能源领域的应用。美国 IBM 公司于 2008 年 11 月即对外公布了其"智慧地球"计划，提出"把传感器嵌入和装备到电网、铁路、桥梁油气管道等各种物体中，形成物联网"，该计划获得奥巴马政府的关注并纳入其相关政策，推动美国在能源、宽带与医疗三大领域开展物联网技术的应用。欧盟在 2009 年 6 月即提出了《欧盟物联网行动计划》，明确了物联网管理、安全性保证等 14 项行动内容。日本和韩国则是在 2004 年都推出了基于物联网的国家信息化战略，分别称作 u‑Japan 和 u‑Korea。日本的 u‑Japan 战略提出在 2010 年将日本建设成为"实现随时、随地、任何物体、任何人均可连接的泛在网络社会"。韩国的 u‑Korea 战略则确立了将韩国建成世界第一个泛在物联社会的宏伟愿景。中国在政策与技术的支持下，物联网市场蓬勃发展，根据中商产业研究院的统计分析，2020 年中国物联网市场规模达 1.66 万亿元，同比增长 10.67%，2022 年已超过 2 万亿元。

技术层面，低功耗广域网（Low Power Wide Area Network，LPWAN）物联网技术凭借流量小、连接数量大的特性为工业生产、交通以及国家公共服务部门海量智能终端互联提供解决方案，实现广覆盖、低速率、低功耗和低成本的无线网络接入。LPWAN 技术体系包括窄宽带物联网标准（Narrow Band Internet of Things，NB‑IoT）、远距离标准（Long Range，LoRa）、Sigfox，表 2‑3 对比了这 3 种技术体系。

表 2‑3　　　　Sigfox、LoRa、NB‑IoT 物联网技术体系对比

技术体系	Sigfox	LoRa	NB‑IoT
创立时间	2009 年	2015 年	2016 年
推动者	Sigfox（公司）	LoRaAlliance（联盟）	3GPP（联盟）
使用频谱	非授权频谱 Sub‑1GHzISM	非授权频谱 Sub‑1GHzISM	1GHz 以下授权频谱

续表

使用频宽	100Hz	125～500kHz	180kHz
最远传输距离	50km	20km	20km
传输速率	100bit/s（低）	300～50kbit/s（中）	50kbit/s（高）
可连接数量	100万	25万	10万
优势	传输距离最长； 功耗较低； 提供现有 Sigfox 基地台及云端平台； 全球性网络服务	运营成本低； 功耗较低； 弹性资料传输速率； 可与多个电信运营商合作	使用授权频谱，干扰小； 可维持稳定速率品质； 可使用现有 4G 电信基地台

（三）发展趋势

未来，智能传感芯片设计制造核心技术的攻破将带动低功耗广域网物联网技术发展，为能源互联网中海量的"小数据连接"提供解决方案。通过泛在互联和智能感知，为精准分析源、网、荷、储相关业务提供理性、可靠的数据支持。

2.3.4 移动通信技术

（一）技术概况

第五代移动通信技术（5th Generation Mobile Networks，5G）是能源互联网实现能源信息高效可靠传输、共享的关键技术。5G 改变传统能源业务运营方式和作业模式，为能源互联网用户打造定制化的"行业专网"服务，相比于以往的移动通信技术，能更好地满足能源互联网业务的安全性、可靠性和灵活性需求。

（二）发展现状

5G 具备超高带宽、超低时延、超大连接的技术特点，在电力系统的发电、输电、变电、配电、用电、调度，以及应急通信各个环节，均可发挥重要作用，能够深刻变革电力通信网，全面提升电力信息化水平，如表 2-4 所示。据德勤中国发布的《5G 赋能未来电力》估算，到 2026 年，5G 将为全球十个主要产业带来 1.3 万亿美元的数字化市场规模，其中能源产业/公用事业（水、电、燃气等）占比最高为 19％，约为 2500 亿美元。中国 5G 发展已进入全球 5G 研发第一阵营，目前 5G 系统设备已具备商用条件，终端产品也日益丰富。据工业和信息化部中国信息通信研究院发布的《5G 经济社会影响白皮书》预测，至 2030 年，5G 将带动的直接总产出将达 3.6 万亿元，经济增加值 2.9 万亿元，就业机会将增加 800 万个。

表 2 - 4　　　　　　　　　5G 在能源电力行业的应用场景

场景	细分场景	5G 赋能	通信需求				
			带宽	时延	可靠性	连接密度	安全需求
控制类业务	精准负荷控制	根据直流损失功率的大小通过精准控制分散海量电力用户可中断负荷，实现电网与电源、负荷互动，达到电力供需瞬时平衡	＜256kbit/s	控制主站到终端时延≤50ms	＞99.999％	＜1000 个/百 km²	强安全要求，要求资源独享，物理隔离
	配网差动保护业务	收集终端采样数据和运行信息，通过差动保护算法对故障进行快速响应，精准定位和隔离配电网故障。特点是速度快、可动态适应、故障判别可靠	＜10Mbit/s	业务系统端到端≤15ms，通信系统端到端≤10ms	＞99.999％	＜1000 个/百 km²	强安全要求，要求资源独享，物理隔离
采集类业务	用电信息采集	实现用电信息的自动采集、计量异常监测、电能质量监测、用电分析和管理等功能，用电信息采集系统由主站、远程及本地通道、集中器和采集器/电表组成，移动式现场施工作业管控	上行＜2Mbit/s 下行＜1Mbit/s	公用变压器/专用变压器检测、低压集抄＜3s，精准控制＜200ms	＞99.99％	＜10 000 个/km²	高安全要求，安全加密认证，安全接入区认证，物联网切片，逻辑隔离

57

续表

场景	细分场景	5G赋能	通信需求				
			带宽	时延	可靠性	连接密度	安全需求
移动应用类业务	移动巡检类业务	包括变电站巡检机器人、移动式现场施工作业管控、应急现场自组网综合应用三大场景。监控机房整体环境，预防安全事故和环境污染，减少人工巡检工作量，提高运维效率，针对低速率移动场景，监控整体环境	根据场景不同，要求可持续稳定地保障4～100Mbit/s	多媒体信息时延要求小于200ms，控制信息时延小于100ms	多媒体信息可靠性要求99.9%，控制信息可靠性要求99.999%	集中在局部区域2～10个不等	
电网新型业务	多站融合业务	提供变电站数据的本地存储与边缘计算能力，网络边缘计算作为云计算的延伸，对内支撑坚强智能电网业务，对外拓展能源服务渠道，向社会提供资源共享服务	传输带宽100M～1Gbit/s，时延5～20ms			集中在局部区域10～1000个不等	

（三）发展趋势

未来，5G将以提供传输速度超过10Gbit/s的增强型移动宽带、毫秒级超可靠低时延及10倍于4G的超高连接数密度（见表2-4）等优势，广泛应用于能源互联网中的智能配电自动化、视频传输、分布式能源接入等业务。此外，5G与云计算、大数据、人工智能等技术的融合创新，将进一步催生新需求、新技术、新模式，构建开放共赢的能源互联网产业生态。

2.3.5　人工智能技术

（一）技术概况

人工智能技术可为能源互联网提供智能决策支撑，实现能源的综合优化管控。通过人工智能技术可实现对海量运行数据的优化、分析、判断、决策，有助于形成具有柔性自适应能力的能源互联网。

（二）发展现状

当前人工智能技术正处于蓬勃发展阶段。随着大数据、云计算、互联网、物联网等信息技术的发展，泛在感知数据和图形处理器等计算平台推动以深度神经网络为代表的人工智能技术飞速发展，诸如图像分类、语音识别、知识问答、人机对弈、无人驾驶等实现了技术突破，迎来爆发式增长的新高潮。人工智能技术与能源互联网的深度融合，将逐步实现智能传感与物理状态相结合、数据驱动与机理模型相结合、辅助决策与运行控制相结合，从而有效提升驾驭复杂系统的能力，提高综合能源系统（住宅、社区、工业园区、建筑群、多能微网、微网群）的资源规划能力和弹性运行的安全性、经济性和自愈能力。

国内外人工智能技术正与能源系统深度结合，广泛应用于能源互联网源荷预测、多能协同智能调度决策、故障诊断等多个领域，如图 2-9 所示。英国国家电网将 Deep Mind 公司的人工智能技术应用到英国的电力系统中，处理天气预报、互联网搜索等海量信息，并开发面向用户需求激增的预测模型。英国Grid Edge 公司通过操作 VPN 连接、分析用户的能源消耗数据，实现能源节约并避免超载。日本关西电力株式会社基于机器学习对智能电表数据进行总结，利用高精度 AI 算法实现多种模式用电方式优化。在中国，大唐集团有限公司通过先进通信技术和软件架构，实现空间地理位置分散的聚合和协调优化，通过智能控制系统实时管控生产电力过程、完成能源储存与合理配置。南方电网依托智能电网开展调控一体化精益管理，把大数据、机器学习、深度学习等技术与电网融合，打造调控一体化智能技术应用示范区。

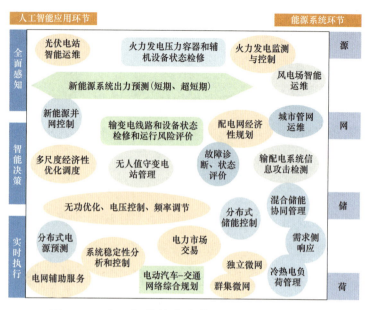

图 2-9 人工智能技术在能源互联网中的应用

（三）发展趋势

未来，人工智能技术将与能源系统深度结合，广泛应用于能源互联网源荷预测、多能协同智能调度决策、故障诊断等。利用人工智能技术对新能源发电波动、网络运行状态、用户负荷特性和储能资源等海量、高维、多源数据进行深度辨识、在线学习和高效处理，实现多时间尺度全面感知、聚类、预测和故障诊断，进一步提升能源互联网智能化水平。

2.3.6 能源区块链技术

（一）技术概况

随着分布式能源、电动汽车等多主体参与，在能源互联网价值实现过程中，将呈现出能源交易品种繁多、频次增多、参与者集中等特点，衍生出信息真实性校验、数据安全共享、交易成本、协同效率等方面问题，能源区块链技术是区块链技术在能源领域的应用，成为能源互联网解决多方互信、促进市场化交易、实现创新发展的重要途径。

（二）发展现状

2020 年，IEEE P2418.5 工作组在《能源区块链标准》中提出，能源区块链是以区块链技术为基础，为能源行业提供通用且可互操作的参考框架模型，涵盖电力、石油、天然气产业及可再生能源产业及其相关服务[7]。基于区块链技术去中心化、公开、透明等特性，能源区块链技术主要用于能源计量、能源交易、能源金融等方面。一是能源计量，是开展能源交易和诸多能源衍生业务的基础，也是能源互联网价值实现过程中各参与主体最关注的核心问题之一，通过将计量数据从采集端上传到区块链平台，可为电力交易、碳交易、绿证交易、能效管理、新能源补贴、节能服务等能源相关业务及其衍生品提供具有公信力的计量数据，有效减少能源衍生品业务在不同主体之间的审核流程，大幅提高业务效率、降低业务成本。二是能源交易，区块链可在合同、物流票据、供应链溯源等方面得到应用，以提升合同法律效力、减少交易流程和成本、提高交易效率。三是能源金融，区块链技术可应用在能源保险、跨境支付、供应链金融、征信、数字票据、资产证券化等能源金融场景，实现能源产业资本与金融资本不断优化聚合，促进能源产业与金融业良性互动、协调发展。

当前，受技术、经济和政策的限制，世界范围内的能源区块链技术发展处于小范围试点的探索起步阶段，美国、德国、荷兰、澳大利亚、新西兰、南非都有区块链能源公司。国际可再生能源署发布《可再生能源未来的创新》报告指出，截至 2022 年底，全球约有超过 189 家公司、71 个项目使用能源区块链技术，电力行业区块链投资额超过 4.66 亿美元。

美国是世界范围内率先开展能源区块链示范应用的国家，代表性项目是在纽约布鲁克林开展的基于区块链技术的微电网智能系统示范，如图 2-10 所示。该项目建立了基于区块链系统的可交互电网平台，通过区块链支付，实现了用户将屋顶光伏发电直接出售给邻居的交易，保障了交易双方利益，同时也降低了相应的管理和协调成本。

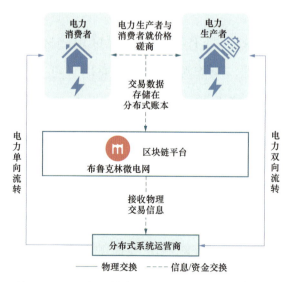

图 2 - 10　美国基于区块链技术的微电网智能系统项目运行原理图

中国能源区块链技术研发及应用启动于 2015 年，当前处于早期探索阶段，部分能源企业围绕区块链技术开展试点实践。国网区块链科技有限公司（区块链技术实验室）成立于 2019 年 8 月，以打造"区块链＋大数据＋人工智能"发展引擎，充分发挥区块链基础性、引领性技术优势，开展区块链技术研究、产品开发、公共服务平台建设等业务，面向能源行业及上下游企业提供前沿、专业的区块链技术解决方案，形成以能源区块链公共服务平台——国网链为示范成果的系列服务和产品，并入选国家区块链创新应用试点。2020 年获"电力科技创新大奖""中国产业区块链企业 50 强"前三甲，2021 年获"电力行业设备管理与技术创新成果特等奖"，2022 年获"第 49 届日内瓦国际发明金奖"。南方电网积极探索基于区块链技术的试点示范建设，通过搭建基于区块链技术的绿证交易平台，并在平台内生成分布式账本，实现了账户信息记录、交易信息保存、流通踪迹溯源和监审过程透明，保证了绿证交易的可信可控和高效运作，避免了人为修改参数、篡改交易数据等违规事件的发生。

（三）发展趋势

未来随着区块链技术不断成熟，能源区块链技术在能源互联网中的应用场景将不断丰富，由单一应用场景将向跨领域、跨行业应用场景发展，产业规模将持续扩大。一是推动构建更加公平、透明的能源互联网决策管理体系，基于能源区块链技术，搭建基于能源区块链技术的公共服务平台，为政府及监管机构提供精准数据支持，提升政府运行效率和服务质量。二是推动能源互联网与金融系统、交通系统等不同行业系统间的数据互信、共享、共用，充分利用数据分析辅助决策，实现协同发展和共建共赢。

2.4 应用支撑类关键技术发展

能源互联网在应用层面还需通过多能协同控制技术、虚拟电厂技术等进一步打通物理能源层与市场应用层之间的渠道，建设共享经济和自由交易，拓展能源市场的深度和广度，不断创新业态与商业模式，为能源生产、传输、供应、服务企业带来更多市场机会，也为能源用户带来更加完善和丰富的用能体验。

2.4.1 多能协同控制技术

（一）技术概况

多能协同控制技术是能源互联网实现能源优化调度、系统稳定运行、经济效益最大化的核心技术手段。通过多能流网络最优调度与控制，实现对能源互联网中广泛分布的一次能源（煤炭、石油、燃油、燃气、可再生能源等）和二次能源（电力、氢气、工业废气、余热等）的灵活配置。

（二）发展现状

当前多能协同控制技术处于技术攻关阶段。2021 年 4 月，美国能源部发布《综合能源系统：协同研究机遇》，提出综合能源系统（Hybrid Energy System）是通过集成控制或设备互联方式，形成多种能源生产、存储和转换于一体的系统，可实现成本节约、容量增强、效率提升、价值创造，是全新的能源系统形态，对于提高电网灵活性和可再生能源开发利用水平有重要作用。关键研究重点包括实现综合能源系统不同组件间的信息安全高速传递及互操作性、消除不同能源转换间的技术壁垒、能源设备及终端用户的数据采集和分析等。

瑞士开展"未来能源网络愿景"项目，提出能源枢纽的概念用于研究区域多能源系统中能源之间稳态的转换关系和电、热、冷、气等能源网络的耦合控制。能量枢纽被定义为一种于描述多能源系统中能源、负荷、网络之间交换、耦合关系的输入-输出端口模型，用以表示电、热、气等多种形式能源之间的转化、存储、传输等各种耦合关系，在多能源系统的规划、运行、调度控制研究中发挥重要作用。

中国清华大学团队经历10年时间，开拓了多能流能量管理新方向，首创了基于统一能路理论的多能流能量管理的理论和技术体系[8]，研发了国内外首套规模化多能流综合能量管理系统（IEMS），与国网吉林电力、中电国际、广州供电局、国网综合能源服务公司、浙能集团等多家合作伙伴紧密合作，在多个城市、园区、建筑获得成功应用，将能量管理对象从"纯电流"拓展为"多能流"，实现了多能流综合能量管理从"小规模"系统到"大规模"系统的在线应用，在提升综合能源利用效率、最大化消纳可再生能源、保障综合能源系统安全性等方面取得了显著的经济效益和社会效益。

（三）发展趋势

未来，多能协同控制技术发展将加快打破不同能源系统间的控制界限，主要研究能源互联网内综合能源的分布自治综合控制系统实现方法，规范化信息模型和开放式服务接口的建立方法，以及冷热制取、存储及释放效率的优化控制方法。

2.4.2 虚拟电厂技术

（一）技术概况

虚拟电厂（Virtual Power Plant，VPP）技术是对能源互联网中的多元主体进行高效整合并产生价值的关键技术。其原理是根据可再生能源电源出力预测、设备运行状态、电力市场价格信息等，优化控制下辖分布式电源、储能、柔性负荷等，形成灵活发电资源参与电网运行调度和市场交易。

（二）发展现状

能源互联网背景下存在海量的分布式能源、储能、柔性负荷等多元主体，由于它们的数量大、特性各异，因此在虚拟电厂控制各种分布式能源发电设备、储能系统以及可控负荷的过程中，其协调控制技术是最关键的部分，主要包括集中控制、分散控制两种，如图 2-11 所示。当前虚拟电厂项目通常采用集中控制方式，所有单元的信息都需要通过控制协调中心双向通信进行处理，采用能源管理系统协调分布式能源潮流、可控负荷和储能系统，找到最佳解决方案。集中控制方式最容易实现虚拟电厂的优化运行，但其扩展性、兼容性、可靠性受到很大局限。分散控制方式能使虚拟电厂模块化，改善集中控制方式下的通信堵塞和兼容性差问题，使得虚拟电厂具有很好的扩展性和开放性，更适合参与电力市场。

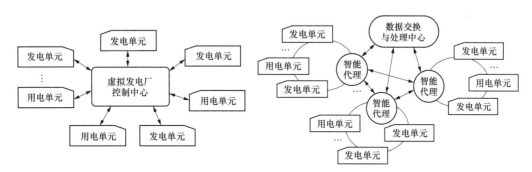

图 2-11　虚拟电厂的集中控制与分散控制模式

当前，依托较为完善的电力市场机制，VPP 技术在欧洲、美国等发达国家和地区发展较快。德国 Next-Kraftwerke 公司成立于 2009 年，是欧洲最大的虚拟电厂运营商之一，业务范围包括分布式资源聚合、电力市场交易、电网辅助服务等，服务对象覆盖德国、比利时、奥地利、法国、波兰、荷兰、瑞士和意大利等国家，2021 年被壳牌公司全资收购。截至 2022 年 6 月，公司共运营着 14 414 个分布式能源单元，接入发电装机容量 10 836MW，2019 年参与电力交易量为 15.1TW·h，2020 年实现营业收入 5.95 亿欧元。Next‑Kraftwerke 公司的创新实践包括提供模块化的软件即服务解决方案、多元化的电力市场交易服务、动态优化的电网需求响应服务等三方面。

2022 年，特斯拉公司在得克萨斯州开展虚拟电厂示范，展示分布式储能聚合的响应速度和对电网的调节能力，如图 2‑12 所示。项目选取了得克萨斯州 64 名家中安装了特斯拉家用储能电池 Powerwall 及屋顶光伏设备的居民用户。在虚拟电厂示范期间，平台将统一计划并控制 Powerwall 的充电和放电，以实现对电网调峰调频的快速响应。通过平台对分布式资源的自动控制，可以实现对 ERCOT 发布需求信号的秒级响应，充分展现了聚合分布式资源作为备用电源参与电网调峰调频的重要意义。

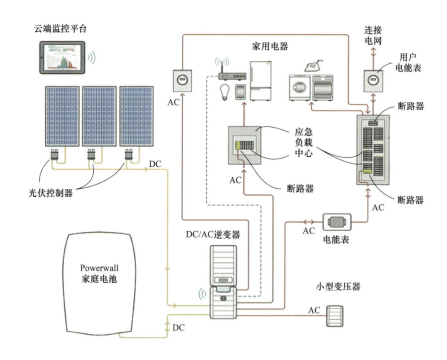

图 2‑12 特斯拉提供的虚拟电厂示范解决方案示意图

中国方面，利用信息通信及控制技术，通过对用户侧分布式电源的有效聚合和协调控制，在国网冀北电力和上海电力积极开展虚拟电厂示范项目和商业运营，参与电网调峰调频服务，实现了电网的灵活调节能力提升。从示范效果看，一是经济社会效益显著，虚拟电厂技术可提升新能源消纳能力、保障电网安全运行。通过削峰填谷和调峰调频，降低发输供电环节投资，降低用户用能成本；二是实现多方参与和共赢，虚拟电厂为电力用户创造了便捷的市场化参与手段；为综合能源服务商、辅助服务供应商、售电公司等市场主体拓展了业务模式，符合"开放、互联、共享"的互联网精神，是能源互联网建设的生动实践。如图 2-13 所示。2022 年 8 月，由深圳市发展改革委管理、南方电网深圳供电局运营的深圳虚拟电厂管理中心成立，2023 年 5 月底，在南方电网全网负荷接近历史最高的背景下，深圳虚拟电厂两次开展深圳电网特定区域精准削峰，最大有效调节电力约 5.6 万 kW，累计调节电量 5.8 万 kW·h，减轻了局部地区供电设备负荷压力。

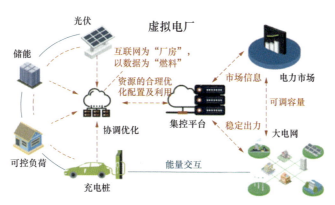

图 2-13　具有"源-荷"双重身份虚拟电厂示意图

（三）发展趋势

未来，虚拟电厂在核心技术上应聚焦考虑用户用电特性、市场价格信息的多资源优化调控算法，而在技术体系构建上做到"内外有别，各有侧重"是关键。

一是在核心技术方面，应发力优化调控算法，让用户无感、令经济收益最大是重要目标。虚拟电厂的构建主要包括量测、通信和优化调控技术，量测和通信已几乎不存在技术瓶颈，而能够综合考虑用户用电特性和舒适度，最大化挖掘其调节潜力，进一步结合市场信息实现客观收益的优化调控算法才是关键，例如美国 Tesla Auto bidder 平台、德国 Next - Kraftwerke 的 NEMOCS 平台均具有相关核心算法。

二是技术标准体系方面，对内构建虚拟电厂的建设运营标准体系降成本，对外做好并网调度标准体系。虚拟电厂内部技术标准的不统一将抬高运营商的建设成本，应建立涵盖采集控制设备规约、平台接口等方面的统一标准体系，打通负荷设备、采集终端、虚拟电厂运营平台之间的交互壁垒。外部技术标准主要是虚拟电厂的并网运行标准，包括安全防护、并网技术规范、补偿考核方式和计量结算等，服务虚拟电厂更好地参与电网运行。

2.4.3 碳捕集、利用与封存技术

（一）技术概况

近年来，碳捕集、利用与封存（Carbon Capture，Utilization and Storage，CCUS）技术作为减缓气候变化的关键技术之一，被认为是能够降低 CO_2 浓度以减少关键领域碳排放的有效技术手段，得到国际社会广泛关注，"煤电＋CCUS"是能源互联网发展过程中推动实现煤炭清洁高效利用的重要技术手段。

CCUS 是指捕获 CO_2 用于生产并储存于产品中的过程，是在 CO_2 捕获与封存基础上增加了 CO_2 利用，包括地质利用、化工利用和生物利用三大类。2022年 4 月，联合国政府间气候变化专门委员会（Intergovernmental Panel on Climate Change，IPCC）第六次评估报告第三工作组报告《气候变化 2022：减缓气候变化》，根据碳捕集源、碳去向、减碳效应等方面的差异，将 CCUS 技术细分为碳捕集与封存（Carbon Capture and Storage，CCS）、碳捕集与利用（Carbon Capture and Utilization，CCU）、生物质能碳捕集与封存（Bioenergy with Carbon Capture and Storage，BECCS）、直接空气捕集与封存（Direct Air Carbon Capture and Storage，DACCS）四类[9]。CCUS 技术体系如图 2 - 14

所示。

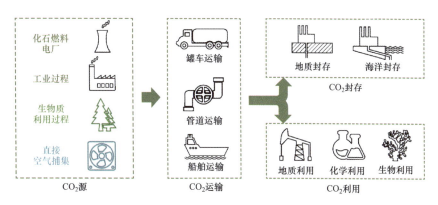

图 2-14 CCUS 技术体系示意图

（二）发展现状

2022 年全球 CCUS 项目增长势头继续保持强劲。根据 IEA 发布的全球碳捕捉、利用与封存项目数据库统计，项目总量方面，2022 年全球新增 CCUS 项目开发计划 140 余项，累计捕捉、封存能力同比分别提升 30％、80％；专用二氧化碳封存容量年度增量再创新高，达到 2.1 亿 t 左右。地区及国家分布方面，美国、欧盟和澳大利亚在 CCUS 项目开发方面居于全球领先地位；欧洲、中东和东南亚 7 国在 2022 年宣布 CCUS 项目开发计划，全球 CCUS 项目部署国累计数量增至 45 个。项目开发主体方面，国际油气巨头是全球 CCUS 项目的主要开发主体，埃克森美孚、西方石油公司、巴西国家石油和雪佛龙参与开发了全球一半以上在运 CCUS 项目；在欧美 CCUS 产业激励政策支持下，工业、电力、燃料转换、直接空气捕捉等领域 CCUS 项目开发取得了系列积极进展，新型专业 CCUS 解决方案供应商不断涌现。商业模式方面，CCUS 全链条项目仍是产业主流商业模式；随着 CCUS 产业规模的不断扩大，专业碳捕捉、运输、存储、共享基础设施等价值链细分商业模式有望涌现，将利于分散 CCUS 项目投资及运营风险。产业政策方面，IEA 呼吁各国政府紧跟 CCUS 产业发展潮流，优化健全产业法律和监管框架，并为第三方碳捕捉及封存、多式联运等新型业务发展提供充足政策空间。

中国积极开展 CCUS 项目建设，据公开信息，碳中和目标下中国 CCUS 减排需求为：2030 年 0.2 亿～4.08 亿 t，2050 年 6 亿～14.5 亿 t，2060 年 10 亿～18.2 亿 t。截至 2021 年底，中国已投运和建设中的 CCUS 示范项目共有 49 个，集中在华东和华北地区，其中已建成的 38 个 CCUS 示范项目，累计注入封存 CO_2 超过 2×10^6 t，形成 CO_2 捕集能力 2.96×10^6 t/a、注入能力 1.21×10^6 t/a。

从技术环节分布看，捕集类、化工与生物利用类、地质利用与封存类示范项目的占比分别为 39%（15 个）、24%（9 个）、37%（14 个）。在 15 个捕集类示范项目中，中低浓度排放源 CO_2 捕集项目有 14 个，高浓度排放源捕集项目仅有 1 个。

从行业分布看，主要工业行业均有涉及，覆盖电力、煤化工、石油化工、水泥、钢铁等领域。在 15 个捕集类项目中，11 个来自电力行业，3 个来自水泥行业，1 个来自煤化工行业。地质利用与封存技术的驱油类项目通常与化工行业结合，13 个项目中有 5 个来自煤化工行业，2 个来自石油化工。钢铁行业的 CCUS 示范项目处于起步阶段，2020 年在西昌投运的 CO_2 矿化脱硫渣关键技术与万吨级工业试验项目对钢铁企业烧结烟气进行捕集并矿化利用。

（三）发展趋势

CCUS 技术是全球气候目标实现不可或缺的减排技术组合，当前尚处于理论研究、实验室研究、工业示范和小范围商业性运作阶段，未来将主要应用于电力部门、工业部门脱碳和蓝氢生产等领域，预计到 2050 年每年减排效应将超过 60 亿 t。未来全球 CCUS 发展应聚焦两方面：一是加大 CCUS 项目政策、资金支持力度，为 CCUS 投资创造可持续发展的市场环境；二是发展 CCUS 产业集群，建设二氧化碳捕集、运输、利用、封存共享网络，推动 CCUS 技术在不同碳排放领域及行业的应用。

2.5 小 结

本章构建了包含先进能源技术、能源数字融合技术、应用支撑技术的三大类的能源互联网技术体系，并详细介绍了13类重点技术的技术概况、发展现状和发展趋势。综合来看，对于能源互联网的相关技术，国内外研究焦点既有共性，也各有侧重。综合来看，美国、欧盟、日本、中国等主要国家和地区率先开展了对未来能源系统的探索，在分布式技术、微电网技术、多能耦合技术、数字化技术、碳减排技术等前沿技术领域积极开展技术攻关、试点应用和商业化推广。对比分析国内外能源互联网技术创新领域的发展，可以得出如下两点结论。

实现技术创新和市场机制建设的良性互动是推动能源互联网创新发展的重要保障。当前美国、欧盟等国家或地区已形成较为成熟的电力市场运作模式和机制，依托海量的用户主体参与市场互动，可加快部署数字化系统及功能，持续探索虚拟电厂等应用支撑技术创新，进而不断提升电力系统及电力市场对高比例新能源的适应性，形成正反馈效应。

能源终端领域应成为能源互联网技术创新应用的重点领域。能源终端领域聚集了各种新要素、新业态、新模式，同时多元要素互动、各类业态重构、多种模式创新等关键变化也都在终端领域充分体现，能源终端领域更具有能源互联网的重要特征。以多能耦合技术为例，美国以冷热电三联供技术为突破推动用户侧能源梯级利用，日本研发燃料电池热电联供技术提高用户侧能源综合利用效率。

（本章撰写人：王轶楠　审核人：代红才）

3

示 范 建 设

示范工程是推动能源互联网理念创新、技术创新、模式创新的落地实践平台。本报告自 2019 年首次出版至今，持续跟踪梳理国内外典型的能源互联网示范建设案例。国外方面，德国、美国、欧盟是世界范围内较早开展能源互联网工程实践探索的国家和地区，一批标志性的示范项目推动能源互联网从理念描绘阶段发展到实践探索阶段，如德国 E‐Energy 项目（2008 年）和 C‐sells 项目（2012 年）、美国未来可再生电能传输与管理系统 FREEDM 项目（2008 年）、欧盟未来智能能源互联网 FINSENY 项目（2011 年）等。中国方面，2019 年国家能源局首批 55 个能源互联网（"互联网＋"智慧能源）示范项目开始验收，本报告及时归纳总结了这批示范项目建设经验。2020 年以来，新能源、微电网、智慧能源、零碳园区等热点词汇赋予了能源互联网示范建设新的机遇。2023 年，本报告结合众多示范工程情况，归纳提出能源互联网的示范体系，并结合国内外最新发展动向，介绍一批代表性的工程项目建设情况。

3.1 示 范 体 系

国内外能源互联网的示范实践，结合区域基础条件及发展需求，因地制宜确定发展方向和建设重点，根据工程建设侧重点的不同，主要可分为能源互联网络、能源数字化、综合能源等三类示范。

能源互联网络类的能源互联网示范工程，大多从能源系统自身出发，借鉴互联网开放互动的理念和体系架构，侧重于具有智慧功能的能源物理网架的建设，充分承载能源流，实现电、热、冷、气、氢等多种能源互联互通，满足分布式能源、电动汽车等海量主体即插即用，推动能量信息的双向流动。

能源数字化类的能源互联网示范工程，侧重于先进数字信息技术在能源系统中的应用，将信息网络定位为能源互联网的决策支持网，打造一个基于现代信息和通信技术的能源系统。通过信息网络与能源网络的深度融合，实现能源生产、传输、转换、消费、存储等全环节的数字智能化，提高可再生能源利用率，保障稳定高效的能源供应。

综合能源类的能源互联网示范工程，侧重于利用先进能源技术、通信技术、管理模式等，整合电、热、冷、气、氢多种能源形式，实现多种能源子系统之间的协同规划、优化运行、交互响应、互补互济，满足用户多元用能需求，提高能源利用效率。

3.2　国　外　工　程　实　践

在全球共同应对全球气候变化的大背景下，主体能源由化石能源转向非化石能源、由高碳向低碳过渡，最终实现绿色清洁发展已经是不可逆转的潮流。国外政府、企业和社会主体以实现能源自主与能源清洁低碳转型为目标，积极开展能源互联网络、能源数字化、综合能源等三类示范。

3.2.1　能源互联网络类

本节选取加拿大智慧能源"大西洋未来电网"和欧盟智慧能源城市建设项目"+CityxChange"，展现能源互联网络类国外工程建设情况。

（一）加拿大智慧能源"大西洋未来电网"项目

加拿大智慧能源社区项目总投资 3740 万美元，由西门子加拿大公司、新不伦瑞克省电力公司（New Brunswick Power，NB Power）和新斯科舍电力公司（Nova Scotia Power，NSP）共同开展。项目在社区开发、部署和试点新的分布式能源解决方案，在确保电网稳定的前提下优化整合区域间的分布式能源，以帮助应对气候变化，并围绕能源消费和能源资产所有权探索社区参与方法，在所有利益攸关方的参与下，探索设计新的商业模式和激励措施，为实现高效和低成本的能源转型提供了关键的路线图，使未来能源互联网的发展更具韧性和可持续性。

项目在加拿大新不伦瑞克省和新斯科舍省分别部署了西门子的云端能源系

统平台（Energy System Platform，ESP），图 3-1 所示为 ESP 示意图。

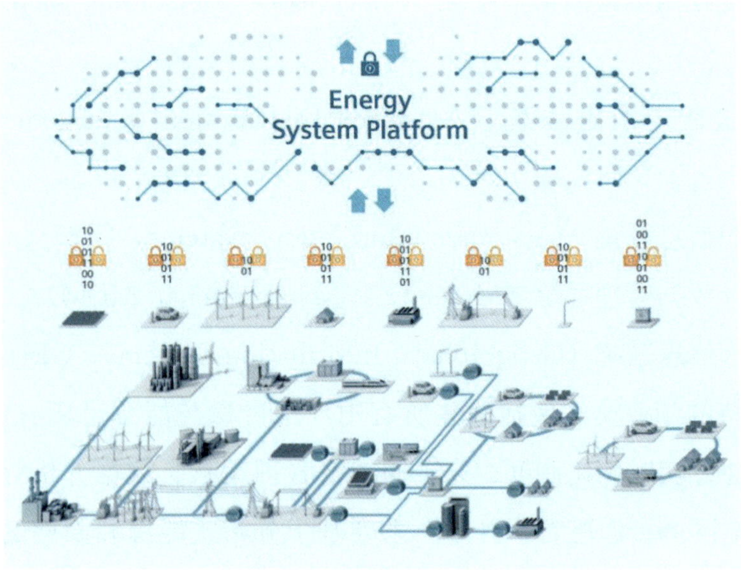

图 3-1 能源系统平台（ESP）示意图❶

ESP 是一个基于云计算的平台，采用了包括人工智能在内的最新技术，帮助企业整合和管理系统中的所有分布式能源资源。ESP 为各类设备资源提供多种集成选项，如直接连接到系统平台或基于分布式资源开展的各类表后服务，它还可整合可调节资源负荷、可再生能源发电机、住宅能源设备制造商或供应商建立的专有云等。

项目中 ESP 连接的主要设备设施包括：

（1）500 户居民用分布式太阳能、储能、热水器、热泵等设备。

（2）规模范围电动汽车充电设施。

（3）6 栋配置分布式能源的市政/工业建筑自动控制系统。

（4）商用太阳能、储能和可调节负载。

（5）社区用太阳能和公共事业范围的大型储能设备。

---

❶ 图片来源：https：//new. siemens. com/ca/en/products/energy/topics/smart-grid. html。

ESP 可整合的公共资源系统包括：

（1）监测控制和数据采集系统（Supervisory Control and Data Acquisition，SCADA）。

（2）先进配电管理系统（Advanced Distribution Management Systems，ADMS）。

（3）客户信息系统（Customer Information Systems，CIS）。

（4）表计数据管理系统（Meter Data Management，MDM）。

（5）地理信息系统（Geographical Information Systems，GIS）。

ESP 支持的商业模式包括构建所有用户均可参与能源市场、点对点交易、车联网等。通过实时优化调度、先进的网络管理运营、数据分析等功能，优化输电网和配电网的资源配置，开展一系列基于分布式能源和微网的智慧能源社区服务，实现公共社区和用户的利益最大化。

（二）欧盟智慧能源城市"＋CityxChange"项目

"＋CityxChange"是一个由欧盟 Horizon 2020 研究和创新计划资助的智慧城市项目，以特隆赫姆、利默里克等 7 个城市为试点城市，目标建设零排放的可持续城市生态系统，并在 2050 年之前建立 100％可再生能源城市区域，如图 3-2 所示。该项目由挪威科技大学牵头，大中小企业、分布式网络运营商、非营利组织等 31 个合作伙伴共同参与。项目共投资 3000 万欧元，于 2019 年正式启动。

项目创新了配电市场的运行机制，改变了传统配电运营商管辖下的电力单向配送模式，引入了分布式风电/光伏、冷热电三联供等分布式能源运营商，同时赋予分布式运营商网络管理和质量管理的职责，以约束其成为可靠的能源供应商、优质的能源服务商、积极的配电网络管理者。

项目设立"解决方案实验室"，开创了共建共赢的智慧城市建设模式，充分调动了政策制定者、研究机构、各类型企业和非营利机构等多方主体的积极性。企业、研究机构、市民可以是数据与资讯的提供者，也可以是项目的实践

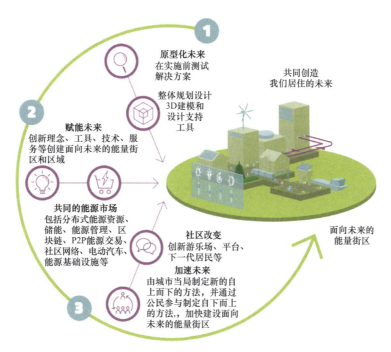

图 3-2　欧盟智慧能源城市＋CityxChange 项目总体架构示意图

者，通过紧密合作将解决方案付诸实行。"解决方案实验室"包含两个生活实验室：产品实验室和街道实验室。产品实验室结合工作坊与实验室功能，提供场所给不同专业背景与兴趣的市民、初创公司或小型公司，通过经验与技术交流，期望能在传统工艺与现代科技的结合下，开发出适合当地的产品原型，且产品类型范围广阔，包含从工厂使用的硬件设备到家庭可运用的家具等。而街道实验室则旨在提供城市的道路空间测试创新方案，直接向大众展示这些技术应用的发展潜力。

3.2.2　能源数字化类

本节选取法国智能电网示范项目和阿姆斯特丹城市能源互联网示范项目，展现能源数字化类国外工程建设情况。

（一）基于 StruxureWare 平台的法国智能电网示范项目

StruxureWare 平台是施耐德电气有限公司开发的面向终端消费侧的云端需

求运营平台，利用数字技术充分赋能能源信息管理和能源系统，在终端消费侧降低能耗水平、满足用户多元用能需求[10]。StruxureWare平台可以帮助用户采取智能化的负荷管理操作，企业可以借助平台实现建筑负荷、现场可再生能源生产、储能系统以及供热和冷却系统等运行数据的实时监控，通过平台对实时负荷与能源定价变化的评估，可自动采取相应措施，例如临时关闭非关键性设备、调整恒温器或消耗更多可再生能源或储能等，以实现能量管理的自动化、降低能耗水平。图3-3所示为需求端运营平台的界面展示图。该平台系统在位于法国东南部格勒诺布尔的施耐德电气38TEC工厂内安装，参照预设定的场景，验证了上百个能耗削减指标，通过将能耗从高成本高峰时段转移到非高峰时段，为工厂节省了16％的成本，而这些操作仅会使室温平均偏移0.6℃❶，且不会对居住者产生明显的影响。由于效果显著，该项目已扩展到另外两个建筑：施耐德电气研发中心（Electro pole）和环球国际能源集团（Global Energy Group，GEG）。

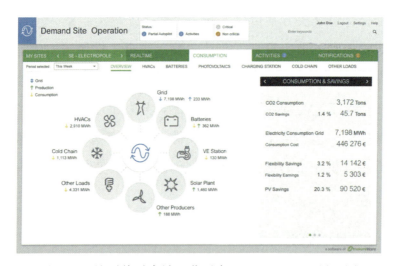

图3-3 施耐德需求端运营平台StruxureWare界面图

依托该数字化运营平台，法国投资建设了法国首个智能电网示范项目

---

❶ 数据来源：https：//www.schneider-electric.cn/zh/download/document/998-1242824_GMA-GB_CN/。

GreenLys，项目由施耐德电气与 11 家合作伙伴合力运营，开发出一个试验技术平台，在里昂（Lyons）和格勒诺布尔（Grenoble）进行部署测试，最终参与对象包括了 1000 名住宅客户与 40 个商业建筑点，图 3-4 所示为法国 Green-Lys 项目示意图。

图 3-4　法国 GreenLys 项目示意图❶

　　GreenLys 项目建立了一个标准化智能电网功能示范，目的是让当地的企业和家庭用户能够更加轻松灵活地利用能源，削减成本，从而改善城市电网的稳定性，该项目从发电到终端用电全过程充分运用数字化技术手段，并对全环节的创新解决方案进行了测试，该项目已经被证实可以实现在不影响使用者舒适度的前提下，转移建筑内的供热系统负荷，降低能源成本，并赋能用户成为"能源产消者"，进一步提高能源利用的灵活性，减少能源浪费。

　　（二）阿姆斯特丹基于智慧平台的城市能源互联网示范

　　阿姆斯特丹是北欧国家荷兰的首都、最大的城市和第二大港口，是荷兰工业、金融贸易、旅游和文化艺术中心。其围绕智慧城市建设理念，经过多轮迭代发展，探索出一条可持续优化更新的绿色低碳城市能源发展之路，探索建设了低碳可持续的城市能源互联网。

---

　　❶　图片来源：https：//www.ademe.fr/sites/default/files/assets/documents/greenlys_veng.pdf。

一方面探索了多主体参与共建共享的平台运营模式。阿姆斯特丹智慧平台具有项目信息概述、需求发布、参与建设、成果展示等功能，由阿姆斯特丹智慧城市基金会提供稳定的运营资金支持。经过 10 多年的发展，平台上的活跃主体主要包括大学、研究机构、银行、企业、协会、基金会及市民，形成了蓬勃发展的"自下而上"的共建共享生态（见图 3-5）。通过引导政府、企业、市民和研究机构等主体通过平台参与城市能源互联网建设，形成了具有归属感的虚拟社区，提高了用户的参与度，成为阿姆斯特丹城市能源互联网建设最重要的组成部分。

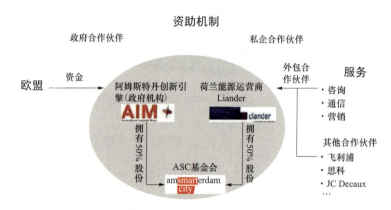

图 3-5 阿姆斯特丹智慧平台的多主体结构示意图

另一方面基于平台实现了面向城市综合能源的智慧规划。阿姆斯特丹打造地区未来能源规划管理平台（Local Inclusive Future Energy，LIFE），应用数字孪生技术，在平台中实现 Aren Apoort 地区相关建筑物和能源基础设施的数字互联，为用户提供基于经济性、可持续性、坚强能源网架等目标的多能互补及源网荷储协同运行解决方案（见图 3-6）。

3.2.3 综合能源类

本节选取英国奥克尼智慧综合能源系统示范项目、澳大利亚埃斯佩兰斯风光储氢一体化项目、丹麦 EnergyLab Nordhavn 区域能源互联网示范项目，展现综合能源类国外工程建设情况。

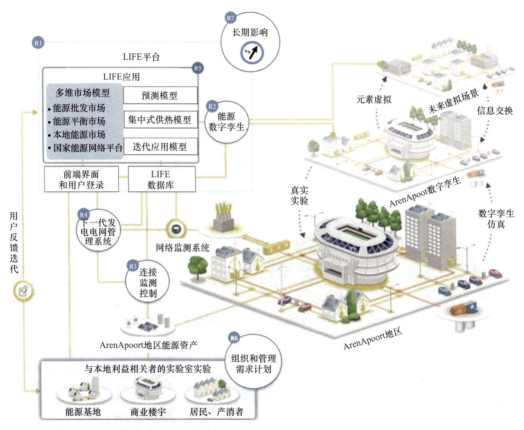

图 3 - 6　阿姆斯特丹基于 LIFE 平台的城市综合能源解决方案示意图❶

（一）英国奥克尼智慧综合能源系统示范项目

2019 年，由欧洲海洋能源中心（European Marine Energy Centre，EMEC）主导，Solo Energy 公司、赫瑞瓦特大学等多家主体共同参与建设的苏格兰奥克尼岛智慧综合能源项目启动，旨在创建一个"智慧能源岛"，将当地可再生能源发出的电力与燃气网络、热网和灵活的负荷连接到一个可控的总体系统中，以平衡可再生能源的波动性，以满足在未来的能源系统中逐步减少并最终消除化石燃料的迫切需求。项目的建设理念是"基于灵活的响应技术（Responsive Flexibility，ReFLEX）以实现区域能量平衡"，采用 Solo Energy 公司研发的

---

❶　图片来源：https：//www. ams-institute. org/urban-challenges/urban-energy/local-inclusive-future-energy-life-city-platform/。

Flexi Grid 软件平台对奥克尼岛上的分布式电源及负荷进行灵活监测和控制，以实现在奥克尼岛可再生能源发电高峰期提高负荷，并在需求高峰时释放储存的能源。

项目部署建设的核心设备包括 500 组民用电池组、100 组商用和大规模电池组、200 个电动汽车充电桩（Vehicle‐to‐grid，V2G）、600 辆新的电动汽车、100 个灵活供暖系统、1 个 Doosan 集团的工业规模氢燃料电池组、岛域范围内的电动公交车和电动自行车综合交通系统，如图 3‐7 所示。

图 3‐7 英国奥克尼智慧综合能源系统示范示意图

项目通过租赁、融资等方式，帮助客户避免高额的前期资金成本投入，客户可免费成为 ReFLEX 会员，获得有关能源服务、新技术、新方法的最新资讯，获得提高能源效率和负担能力的最佳解决方案。最初的 ReFLEX 服务包括：

（1）电动汽车租赁服务：ReFLEX 为了激励用户使用电动汽车，由英国领先的电动汽车租赁公司 Drive Electric 提供适用于多种场合的市场领先的电动汽车如雷诺（ZOEs）、特斯拉（Tesla）等，用户可以在奥克尼岛上长期租赁使用。

（2）电动汽车街边充电桩：ReFLEX 负责购买和安装街边充电桩，并为其申请电力接网许可，用户按照设定的充电计划有序使用这些快充设备。

（3）新的 100％的可再生能源电价：ReFLEX 致力于帮助客户获得最合适的电价，具体包括两套方案：统一、低税率的电价方案；包含 3218.69km（2000 英里）免费里程的充电电价方案。用户选择任一方案都需要安装统一的智能电能表，用以监测能源消费，减少能源浪费。

在奥克尼良好的建设基础上，ReFLEX 项目通过需求响应理念和综合能源系统的应用实践取得了很好的成效：一是实现了需求侧资源的高效整合和互动，促进可再生能源消纳，通过 Flexi Grid 的平台对发电资源进行监控，并引导负荷积极响应参与平抑可再生能源的波动性，大大增加了可再生能源的消纳水平。二是为能源客户提供更高质量、更实惠的能源服务，通过 ReFLEX 会员的方式探索了套餐式的能源服务方案，为客户提供了一揽子能源解决方案。三是减少了对英国大陆进口高碳排放电力的依赖，降低该郡的碳足迹，未来将形成可复制的智慧能源管控系统及综合能源服务框架，在英国及其他国家地区实现推广应用。

（二）澳大利亚埃斯佩兰斯风光储氢一体化项目

2020 年，西澳大利亚州政府提出了 2030 年将州内碳排放量削减到 2005 年的 50％、电力成本降低近 50％的能源电力发展目标，并选取埃斯佩兰斯为示范城市，大力部署风机、光伏、电池储能系统等电力基础设施，探索建设绿氢枢纽基地，形成区域风光储氢一体化解决方案，通过提高可再生能源发电量以实现更高比例的清洁能源电力供应。项目实景如图 3-8 所示。

图 3-8　埃斯佩兰斯地区风光储一体化项目实景图

项目建设内容主要包括两方面：一是建立一个区域综合能源站，包括 2 台 4.5MW 的风力涡轮机、1 个由 8900 块太阳能电池板组成的 4MW 的光伏发电站、11 台 2MW 的高效燃气发电机组、3 台 850kW 的柴油发电机组和 1 个容量为 1.9MWh 的电池储能系统。二是开展绿氢生产、存储、运输和使用一体化验证，利用区域综合能源站富余的清洁能源电力制氢，形成绿氢发电厂（氢电站）参与电网调峰调频辅助服务的解决方案。

埃斯佩兰斯地区风光储氢一体化项目是澳大利亚为推动能源清洁低碳转型的卓越探索，主要有以下特色成效：一是当前已建成的区域综合能源站，预计可再生能源发电满足区域 46％的电力需求，减少碳排放量近 50％，降低供电成本 39％。二是创新提出了以氢能和绿氢发电厂作为促进区域可再生能源消纳及参与电网可靠性调节的可行方案，如图 3-9 所示。

（三）丹麦 EnergyLab Nordhavn 区域能源互联网示范项目

北港（Nordhavn）作为丹麦首都哥本哈根的老港口区被改造成一个至少拥有 4 万居民的新型城市社区。由丹麦能源技术发展和示范基金会（Danish Energy Technology Development and Demonstration Program，EUDP）出资 1100 万欧元支持的，ABB、丹麦科技大学等多家产业和学术研究机构深度参与的 Energylab Nordhavn 项目（2015—2019 年）在北港地区示范以电热互联为主体的城市区域能源互联网工程，旨在打造面向全球的区域能源转型示范基地，项目能源网架及关键元素如图3-10所示。

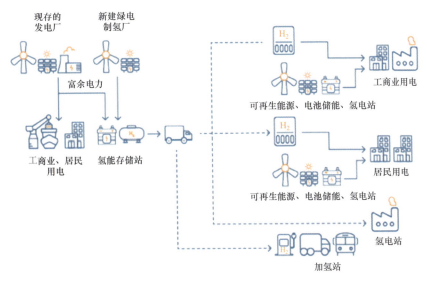

图 3-9 埃斯佩兰斯绿氢枢纽示意图

图 3-10 Energylab Nordhavn 项目能源网架及关键元素示意图

  Energylab Nordhavn 项目重点实践了几项关键技术及理念：①区域低温供热技术实现电热网络深度互联；②以能源服务为导向的灵活性管理平台；③建筑的智能化控制实现灵活性挖掘。区域低温供热技术已在技术进展部分的先进能源技术中对原理和特征进行了深度解读，在 Energylab Nordhavn 项目中主要是终端采用电热泵对集中供热系统的热水进行二次加热，将区域电网和热网耦合起来，同时还配备了热存储装置使系统具备了一定的灵活性。

  Energylab Nordhavn 项目深度实践了丹麦的负荷侧灵活性交易平台（Flexibility Clearing House，FLECH）理念，并将其拓展到热力系统，使该区域内的热力公司（District Heating Operator，DHO）也可参与受益，系统互动设计如图 3-11 所示。系统中灵活性来源包括大型热电联产设备、各类热泵、大型电储能（Battery Storage，BS）与蓄热（Thermal Storage，TS）设备、电动汽车（Electric Vehicle，EV）、智能楼宇和为低温区域供暖系统提供二次升温的直接加热设备（Direct Electric Heater，DEH）以及具有储能功能的电加热器等（Electric Storage Heater，ESH）。在灵活性产品方面，该项目截至目前已经为区域内的 4 个灵活性需求用户设计了以电、热负荷联合调度为代表的 9 类智慧能源网络服务（Smart Network Services，SNSs）产品，用于优化协调区域内部电网、热网、灵活性设备、传统电负荷、传统热负荷及各相关利益主体之间的运作。

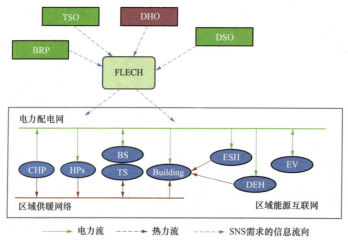

图 3-11 EnergyLab Nordhavn 中以智慧能源网络服务为纽带的电热系统互动设计

建筑灵活性的挖掘是 Energylab Nordhavn 项目另一项重点实践内容。项目在域内 19 栋公寓中装设了智能采集和控制设备，通过对屋内用电设备（主要是空调和热泵）的智能化控制，实现了系统调节效益提升、用户用能成本降低、节能减排成效卓著等多重效果。在系统调节效益方面，这些房屋平均减少了 68% 晨间高峰负荷。在用户节能效益方面，平均减少了 15% 的供热费用，节能效益显著。在系统经济性和环境保护方面，年节约 60 万丹麦克朗，每年减排约 70t CO_2。

总的来看，丹麦 EnergyLab Nordhavn 示范项目是具有丹麦特色的区域能源互联网理念的典型实践，其区域低温供热技术的电热网络深度互联、灵活性管理平台、建筑灵活性挖掘等技术理念的实践取得了很好的示范效果。

3.3 中 国 工 程 实 践

围绕"双碳"目标和构建新型能源体系，中国各方主体持续探索多种典型发展模式，聚焦能源互联网络、能源数字化、综合能源等三类示范，特色化建设能源互联网示范项目，推动实现多能源系统互联互通、源网荷储协同互动和基础资源共享运营。

3.3.1 能源互联网络类

本节选取丽水全域零碳能源互联网综合示范工程和厦门城市能源互联网示范工程，展现中国能源互联网络类工程建设情况。

（一）丽水全域零碳能源互联网综合示范工程

丽水全域零碳能源互联网综合示范工程围绕能源生产清洁化、用能配置高效化、终端消费电气化、网荷互动灵活化总体目标，以多元融合高弹性电网建设为引领，以清洁能源生产、配置、消费、互动为主线，打造地市全域零碳能源互联网建设示范样板[11]。建设重点及成效包括：

87

一是以重点工程为抓手，在技术支撑、市场推动、政策引导、智能制造等领域实现创新突破。通过实施新型电力系统电网调度优化工程、清洁能源汇集站工程、缙云水氢生物质近零碳示范工程、多时间尺度广义储能资源池工程、景宁绿电 100% 泛微网示范工程、用户侧规模化灵活性资源聚合调控工程、规模化绿电资源开发工程、数字化赋能支撑工程等重点工程，实现清洁能源100% 就近消纳，构建 100 万 kW 级广义储能资源池，新增能源消费 100% 零碳排放，构建 100 万 kW 级负荷侧需求响应资源池。

二是以能量管理系统、应用储能装置为手段，打造 100% 清洁能源使用典范。景宁绿电 100% 泛微网工程中，逐步构建起"县域级 - 平衡区级 - 线路级 - 台区级"的泛微网架构，以实现景宁全域 100% 的清洁能源使用，项目建成后，预计景宁县域 100% 绿电供应时长将提高 30%，电网损耗减少 0.5%，新增新能源消纳能力 11 万 kW。

三是建立绿色低碳综合用能体系，助力农业、工业、交通等领域深度脱碳，构建多方共赢产业生态，引领能源消费转型升级。2022 年 10 月 31 日，缙云水光氢生物质近零碳示范工程投运。该工程利用当地资源优势，构建了"绿电 - 绿氢 - 生物质"等多种绿色能源一体化的能源综合利用系统。在技术层面，充分利用本地丰富的水电和光伏发电进行"电解水制氢"，一部分氢气用于燃料电池，氢电耦合；另一部分氢气通过全国首台沼气加氢甲烷化设备，提纯农业废弃物、养殖场粪污、厨余垃圾等生物质废弃物产生的沼气，可将沼气中甲烷含量提高至 95% 以上。不仅提升山区可再生能源电力送出能力，也提供了基于绿氢的传统沼气高价值开发路径，解决困扰当地农业废弃物处置难题，满足乡村高效、清洁用能需求。截至 2023 年 1 月 31 日，该工程共计产出生物天然气近 1000m³（标况下），产出氢气约 1 万 m³（标况下），已实现基地生产生活绿色用能全覆盖。

（二）厦门城市能源互联网示范工程

厦门城市能源互联网以"创新、协调、绿色、开放、共享"为目标，充分发挥电网开放、共享、互动的互联网特性，构建冷、热、电、交通多种用能需求综合协调、互联互通的用能网络，实现各类能源主体的集约开发和高效利用，全方位提升市民的用能体验，推动厦门城市能源的清洁化、智能化和互联网化转型。建设重点及成效包括：

一是基于新一代城市电网发展需求，形成城市电网内多类资源协同规划方法。提出了一种考虑分布式电源、储能和电动汽车等多类柔性资源响应特性以及与电网交互特性的协同规划方法，并选取厦门鼓浪屿作为新一代电网规划试点，实现了对鼓浪屿区域内分布式电源、储能设备、电动汽车充电站和电网的规划控制和有序接入。

二是探索形成了主动配电网运行互动决策系列规范和技术体系。工程中研制了综合配电终端单元和快速切换装置，开发了运行控制系统、规划决策系统和信息平台，选取厦门岛内的会展区进行了主动配电网试点，通过部署主动配监测单元、快切开关、多源负荷调节系统、多能协同控制和监控系统，实现了对分布式电源发电情况的实时监测以及电网潮流的灵活控制。

三是探索搭建了支撑多源异构配电网运行的电力信息与控制综合系统。研制的多源异构配电网CPS综合控制系统，实现了示范应用控制对象不少于2000个，终端与主站之间交换时间小于1s，实现了监控终端在分布式电源侧、电网侧和储能侧、负荷侧的即插即用及有效的信息安全防护。

3.3.2 能源数字化类

本节选取重庆AI city园区示范工程和上海桃浦智创城示范项目，展现中国能源数字化类工程建设情况。

（一）重庆AI city园区示范工程

重庆AI city园区聚集国内外头部科技企业，聚焦人工智能、5G、工业互联网、大数据中心、智能制造、新消费、新金融7大产业，以办公场景为主，通过"产业聚集，以产促城，智能提升"协同发展，构建"国内顶尖的科技创新示范区和未来智慧新城典范"。建设重点及成效包括：

一是大力推进建筑节能，将碳中和理念贯串建筑全生命周期。重庆 AI city 园区的核心碳排放场景主要集中在建设过程中以及运营过程中，因此园区在推进零碳智慧园区建设中，利用 AI、大数据等技术，大力推进建筑全生命周期节能减排，以提升效率带动碳减排。AI city 的建筑在设计之初就将碳中和理念贯穿其中，设计灵感取自喀斯特"山谷"地貌形态。首先，在项目建设过程中，运用人工智能技术和大数据对地形地貌进行科学计算，选择对生态影响最小标准面来施工，使挖方填方尽量保持平衡，以此减少 16.75％的碳排放。其次，秉承"生态节能"理念，打破传统厂房形式，将建筑切割成为富有渗透性的结构，用自然改变建筑光热环境，使建筑综合受光率达到 83.79％，从而降低照明、风暖等能源消耗。此外，在碳汇方面，构建全覆盖立体的绿化建筑，将绿色植物种植在建筑物屋顶，实现人居环境与自然环境的相互融合，减少了 72.93％的碳排放。

二是践行零排放使命，打造光电建筑实现园区能源自给。重庆 AI city 园区通过在建筑之间分散式部署智慧杆塔、智能座椅，在建筑屋顶铺设光伏，实现园区能源自给，从而减少建筑碳排放。智慧杆塔集智能照明、环境监测、绿色能源、设施监管等功能于一身。一方面自带光伏，能够执行公共智能照明并充当汽车充电桩、USB 手机充电装置给园区用户电动汽车和手机充电，实现绿色能源供给，降低碳排放。另一方面以时间段、光线、人流量等数据为依据，远程智能调节路灯开关、明暗，通过智能设施监管优化能源配置，降低能耗。此外，智慧杆塔更是作为环境数据的采集端，实时监测噪声、温度、湿度、气压、风速、风向、$PM_{2.5}$ 等环境数据，实现环境实时监测、环境污染监测，支撑园区管理者及时合理调整改善园区环境。而智能座椅同样自带光伏，能够实现感应充电功能。另外，建筑采用节能环保材料并铺设屋顶光伏，提升园区能源自给率。

三是"智能大脑"覆盖园区全链条，实现智慧化节能化管理运营。重庆 AI

city 园区通过智慧化管理平台将内部各个系统集成起来进行数据集中监测和管理，建立全面感知、随需应变的智慧园区环境，从而形成统一的智慧管理体系，实现智慧化节能化管理运营。园区应用"智能大脑"超级楼控系统和相应的"神经末梢"智能传感器，全面兼容暖通、空调、照明、给排水、变配电监控、火灾报警、通行与停车管理等各子系统，集成为信息枢纽，形成可视化的数据，实现智能诊断、智能响应、智能控制，从而节约能耗 60%、节约人工 50%[12]。同时，在园区管理服务方面与上级相关部门、入驻企业等加强交流，基于 AIoT 全园区能耗数据监控平台，针对园区内高耗能、高风险企业进行定向精准可视化监管，实时了解企业水、电、气等能耗使用情况以及碳排放情况，辅助决策支撑。园区通过云＋AIoT 技术组合方式，支撑全链式智能服务和管控，实现园区和楼宇的节能减排，助力智慧园区和智慧楼宇的数字化建设和运营。

（二）上海桃浦智创城示范项目

桃浦智创城作为上海建设具有全球影响力的科技创新中心的重要承载区，位于上海市普陀区，以"科创、智能、智造一体化"的目标定位，积极打造"上海市转型发展的示范区、西北中心城区的新地标、产城融合发展的新亮点、上海科技创新中心的重要承载区"。智创城依托大数据与人工智能技术，以数字化转型为主，能源转型为辅，共同引领园区经济绿色低碳循环高质量发展。建设重点及成效包括：

一是智慧化运维打破数据孤岛，实现数据共享。桃浦智创城以建筑能源数字孪生、设备设施数字孪生、能源系统 AI 智能优化控制管理"三理"联动，通过报表可视化、数据图像化、信息挖掘等技术呈现不同形式的能源数据，为企业提供决策支持，减少不必要运营成本。同时，通过监测室内环境的反馈数据，如环境温湿度、CO_2 浓度、甲醛浓度、$PM_{2.5}$ 等，自动控制系统运行模式，提高室内空气质量及用户舒适度。并通过 AI 智能调节功能，帮助运维人员自动调整系统运行模式，减少运维人员数量、工作负荷，提高工作效率。

二是能源精细化管理改善能耗高、能效低问题。桃浦智创城利用智慧能源管理系统，对建筑能源与建筑环境实行智能化管理。根据建筑功能组织架构，进行建筑能源精细化模块式管理，如能源看板、能耗管理、能效管理、警报管理、报表管理、系统设置及建筑动态数据监测、能耗预测等，通过安装智能电表，实现能耗数据的实时采集、存储及管理，响应人员在后台可随时查看不同时间段的用电量，提高能源管理工作效率，减少能源浪费问题。

三是智能 AI 优化控制有效提高系统运行效率。桃浦智创城基于能源系统历史运行大数据，利用机器学习技术，建立优化算法模型，并通过强化学习，生成系统 AI 智能优化算法，当建筑处于不同的环境状态时，系统自动感知建筑环境，同时自动判断并决策系统优化控制参数。如员工早上进入办公区，打开空调后设备开始运行，系统自动优化调整，有效提高了系统运行效率，减少系统用能成本，并提升了建筑内部各区域的环境空气质量。

3.3.3 综合能源类

本节选取青海海东班彦"零碳"综合能源互联网示范项目和甘肃省通渭县"零碳乡村"示范工程，展现中国综合能源类工程建设情况。

（一）青海海东班彦"零碳"综合能源互联网示范项目

2022 年，国网海东供电公司以互助土族自治县五十镇班彦村为试点提出打造青海首个"零碳"综合能源互联网示范项目，该项目成功入选 2023 年中国能源研究会"百县千项"清洁能源示范项目典型案例目录。建设重点及成效包括：

一是构建以台区为单位的"自发自用、余电上网"模式的并网型微电网，打造全时段电能绿色供应的村级能源系统。建设 0.4kV 并网的分布式光伏、用户侧储能、小型生物质电厂、智慧充电桩以及"源网荷储"微电网一体化智慧能源管控平台项目，建成后将每年为班彦村节约用电成本 2 万余元，同时减少二氧化碳排放约 300t。

二是加快构建以可再生能源为基础的乡村清洁能源利用体系，推动农村能源绿色转型。 利用建筑屋顶、院落空地、田间地头、设施农业、集体闲置土地等推进光伏发电分布式发展，提升乡村就地绿色供电能力，同步推动乡村能源技术和体制创新，促进乡村可再生能源充分开发和就地消纳，建立经济可持续的乡村清洁能源开发利用模式。

（二）甘肃省通渭县"零碳乡村"示范工程

甘肃省通渭县从能源转型和应用转型两方面打造"零碳乡村"，积极响应国家能源局"千乡万村沐光行动"号召，先行开展"中国零碳乡村"示范项目试点工作。能源方面，通渭县孟河村在国家能源局定点帮扶下，引进浙江正泰安能公司，以"零碳乡村"为目标，以光伏项目为依托，建设村级光伏扶贫电站、分布式光伏电站、光储充一体化停车棚三部分，建设"零碳乡村"清洁能源综合示范项目，打造零碳清洁能源综合示范乡村，其中光伏总装机容量1507kW，总投资700万元[13]；应用转型方面，通渭县以数字化、智能化技术驱动零碳应用，为农民增加增收创收渠道，助力"双碳"目标实现和乡村振兴战略实施。建设重点及成效包括：

一是建设集中式光伏电站，持续壮大集体经济。 由浙江正泰安能公司无偿捐建，采用集中联建、农光互补模式在孟河村建设装机容量150kW的集中式光伏电站一座，占地面积约4600m²。光伏电站采用全额上网模式，通过一回0.4kV接入专用变压器低压侧，升压至10kV输电线路，实现并网。电站总投资约100万元，采取"村委会＋农户"的运作机制，雇佣有关群众负责运维，每年产生发电收益约7万元（按标杆电价计算），资产全部归村集体所有，形成村集体经济。

二是创新合作开发模式，加快部署分布式光伏电站，深度开发闲置资源。 项目分为两类，第一类利用农户屋顶或庭院建设，累计签约建成100户、装机容量1121kW。庭院式户用分布式电站离地高度2.5～4m，进深4～6m，且不占用耕地。第二类利用公共建筑屋顶安装，建设装机容量212kW。分布式光伏电站由浙江正泰公司投资建设，并提供全周期综合能源服务。农户和村集体无须投入任何资金，且不承担建设运营期的任何风险，以租金形式享受固定收益［20元/（年·块光伏板），500～1000元/（年·户）］。光伏发电采用"全额上网"模式，收益归浙江正泰所有。20年合同期满后，电站免费移交给农户或村集体，继续发挥效益。

三是社会化综合服务助力碳达峰碳中和。 能源电力基础设施建设是加快农村产业发展、改善农村生活水平的基础项目。"零碳乡村"清洁能源综合示范项目年发电量相当于目前孟河村年用电量的3～4倍，25年内可节约标准煤700万t，减少二氧化碳排放1944t。

3.4　小　　结

本章基于国内外能源互联网示范建设发展情况，提出了包含能源互联网网络、能源数字化、综合能源三类的能源互联网项目建设示范体系，并结合国内外最新发展动向，通过工程实践展现能源互联网理论创新与技术发展。

国外方面分别选取了加拿大智慧能源"大西洋未来电网"项目、欧盟智慧能源城市"＋CityxChange"项目、法国智能电网GreenLys示范项目、阿姆斯特丹基于智慧平台的城市能源互联网示范、英国奥克尼智慧综合能源系统示范项目、澳大利亚埃斯佩兰斯风光储氢一体化项目、丹麦EnergyLab Nordhavn区域能源互联网示范项目等7个示范项目作为典型代表。中国方面，分别选取丽水全域零碳能源互联网综合示范、厦门城市能源互联网、重庆AI city园区示范、上海桃浦智创城示范、青海海东班彦"零碳"综合能源互联网示范、甘肃省通渭县"零碳乡村"示范等6个示范项目作为能源互联网示范建设代表。对比分析国内外能源互联网示范项目建设，可以得出如下3点结论。

随着能源互联网理论与技术的不断发展，国内外针对能源互联网的研究已经逐渐由以基础性研究为主的阶段向以示范工程应用为主的阶段转变。 国内外能源互联网示范工程建设，一方面有助于进一步推进能源生产和消费革命，在区域、国家乃至全球范围内构建清洁低碳、安全高效的能源体系；另一方面有利于构建以需求为市场导向的能源互联网技术创新体系，推动技术进步与跨领域融合，壮大能源互联网产业。

能源互联网示范工程的建设应结合发展需求，因地制宜解决能源系统实际问题。相比于国外能源互联网示范建设，中国能源互联网示范工程多以政策为导向，从顶层设计出发，构建包含全环节元素的"大而全"的示范工程。未来示范建设更应该关注区域能源系统发展面临的"痛点"，通过"小切口"推动"大发展"，激发公众参与的积极性，促进能源系统与社会系统的融合发展。

能源互联网示范工程建设是一个长期性的复杂艰巨且不断更新的系统性工程。需不断创新技术与业态，加强国内外先进工程经验交流，注重与地区特点的结合，推动更高水平、更高层次、更先进的能源互联网示范工程实施与落地。众多能源互联网示范工程的成功实践表明，能源互联网是解决未来世界能源问题的有效途径。

（本章撰写人：陈星彤　审核人：代红才）

4

发展趋势建议

当今，世界百年未有之大变局加速演进，我国发展环境面临深刻复杂变化。能源互联网的发展，须准确把握能源电力行业发展面临的新形势，以加快规划建设新型能源体系为指引，以保障经济社会高质量发展为目标，进一步发挥其在促进源网荷储协同和多能互补方面的重要作用。本章结合当前国内外能源电力发展中面临的新形势，从思路目标、重点环节、技术创新、市场机制、示范建设等方面，综合研判能源互联网的发展趋势。

思路目标方面，安全在能源转型发展中将占据首要地位，能源互联网的发展应以跨环节源网荷储协同、跨空间资源互联互济"双管齐下"，将保障能源电力安全为核心目标。 新能源的大规模、高比例、高质量可持续发展已成为推动能源清洁低碳转型、构建新型能源体系、实现"双碳"目标的必然趋势，但富煤贫油少气是我国的基本国情，以煤为主的能源结构短期内难以发生根本性转变，火电在未来相当长一段时间内仍然是能源保供主力。随着风、光、水等清洁能源成为支撑能源体系的主力能源，很多地区的煤电机组将承担深度调峰的工作，这对发电效率、机组寿命等提出挑战。此外，能源安全还应当能够应对极端天气、重大事故、网络攻击等风险事件的冲击。发展能源互联网，将跨环节推动源网荷储协同，增强系统灵活性、适应性，有效提高系统调节能力和抵御风险能力；将推动实现区域级、省级等各级能源网络连接，提高网间互济能力，进一步降低能源物理传输通道对能源资源优化配置的制约，更大限度实现清洁能源电力的安全传输和高效配置。

重点环节方面，能源系统终端领域将成为新技术、新业态、新模式的汇集地，能源互联网在能源终端领域的发展应以高质量建设现代智慧配电网为抓手。 从能源电力系统发展演进来看，能源终端领域源、网、荷、储各类型主体众多、要素齐备，同时多元要素互动、各类业态重构、多种模式创新等关键变化也都在终端领域充分体现，能源终端领域更具有未来能源体系的重要特征，是体现能源民生服务的重要环节，也是社会资本参与能源电力领域建设运营门槛最低、关注热情最高的领域。能源互联网的发展应通过建设现代智慧配电网，广泛连接各类主体，实现网络经济价值的最大化。随着风电、光伏、气电、储能、电动汽车等在配电网侧接入电网，配电网在能源互联网中的作用愈发重要，成为连接能源生产、转换、消费的关键。配电网的发展目标也从较为单一的提供优质可靠供电服务向清洁低碳、安全可靠、泛在互联、高效互动、智能开放的能源互联网发展方向逐步演进。未来随着电网转型升级，分布式电源、电动汽车、储能等可控负荷的广泛接入，以及可再生能源替代、综合能源服务、基于数字技术的"虚拟电厂"的快速发展，都亟须更加灵活互动的配电网系统作为载体，实现多元要素、多种能源的广泛、深度互动，全面提高能源利用效率、绿色发展水平。

技术创新方面，数字化智能化技术将成为提升能源产业核心竞争力、推动能源高质量发展的重要技术手段，能源互联网的发展将充分利用"大云物移智链"等先进的信息通信技术，实现能源系统与信息系统的一体化融合。在新型能源体系和新型电力系统的构建过程中，随着不同能源子系统间深入耦合和源网荷储全环节协同互动发展，能源系统将呈现设备智能、多能协同、信息共享、交易开放等主要特征。此外随着新能源的大规模开发利用，亟须更精准和高效的调度控制手段实现对系统的电力电量平衡和安全稳定运行。2023年国家能源局发布《关于加快推进能源数字化智能化发展的若干意见》，指出要深入实施创新驱动发展战略，推动数字技术与能源产业发展深度融合，加强传统能源与数字化智能化技术相融合的新型基础设施建设，释放能源数据要素价值潜力，强化网络与信息安全保障，有效提升能源数字化智能化发展水平，促进能源数字经济和绿色低碳循环经济发展，构建清洁低碳、安全高效的能源体系，为积极稳妥推进碳达峰碳中和提供有力支撑。能源互联网的发展，将利用"大云物移智链"等先进的信息通信技术，实现能源系统与信息系统的一体化耦合，加快提升信息采集、传输、处理、应用等能力，打通不同主体间的信息壁垒，带动能源网络各环节的互联互动互补，支撑新能源发电、分布式电源和微网、多元化储能、新型负荷大规模友好接入，以数字化智能化转型促进能源绿色低碳发展的跨行业协同；发挥智能电网延伸拓展能源网络潜能，推动形成能源智能调控体系，实时感知系统状态，通过实时模拟、超前预判新能源出力特性，平抑其随机波动性，支撑系统安全可靠运行提升资源精准高效配置水平。

市场机制方面，市场化改革仍将作为加快建设新型能源体系和新型电力系统的内在要求和根本保障，使能源互联网的发展再度成为电力体制改革的"试验田"和"示范田"。 在新型能源体系建设过程中，随着新能源补贴退出和新能源装机比例越来越大，对电力系统带来挑战，此外，还面临新能源参与市场机制、储能建设市场机制、虚拟电厂等新业态落地机制等系列新问题，亟须市场、技术、商业模式的多重创新。2022年1月，国家发展改革委、国家能源局发布《关于加快建设全国统一电力市场体系的指导意见》，提出要遵循电力运行客观规律和市场经济规律，在保障电网安全稳定运行的前提下提高电网运行的经济性和电力资源优化配置的水平，通过市场手段对能源发展进行引导，实现新能源与传统化石能源有效平稳转换，发挥电力市场对能源清洁低碳转型的支撑作用。2023年7月，中央全面深化改革委员会会议审议通过《关于深化电力体制改革加快构建新型电力系统的指导意见》，提出要健全适应新型电力系统的体制机制，推动加强电力技术创新、市场机制创新、商业模式创新，要推动有效市场同有为政府更好结合，不断完善政策体系，做好电力基本公共服务供给。市场机制是能源互联网开展价值创造的重要保障，推动能源体制革命就是要坚定不移推进改革，还原能源商品属性，构建有效竞争的市场结构和市场体系，形成主要由市场决定能源价格的机制，转变政府对能源的监管方式，建立健全能源法治体系。

示范建设方面，对未来能源系统的探索将由以愿景勾勒为导向向以实际需求为导向转变，能源互联网的示范工程将更加关注区域能源系统发展面临的"痛点"，通过"小切口"推动"大发展"。 2019年，国家能源局对55个"互联网＋"智慧能源（能源互联网）项目开展验收工作，据文献[14]显示，超七成能源互联网示范项目被延期或取消；部分项目虽然通过了验收，但能源行业的价值链并没有真正打通，各个行业之间仍然存在着壁垒，单个行业内的源、网、荷、储等多个环节也未能有效协调互动。同时，市场机制尚不完善，不同利益主体难以有效协同合作，政府、投资方、用能企业等各个环节的利益主体难以形成利益共同体，均是造成能源互联网项目落地困难的原因。因此，能源互联网示范工程建设是一个长期、复杂、艰巨且不断更新的系统性工程，涉及地方政府、用户、能源企业等多方利益诉求，"跨界"建设更需要发挥地方政府在资源、技术、资金等方面的协调引领作用，同时积极布局微电网、分布式能源、电动汽车等重点领域的示范应用，推动分布式清洁能源与微电网在产业园区、农村地区等场景落地，减少大电网负荷以及间歇性能源对大电网的冲击，提升微电网内部负荷的供电安全性，助力广大农村地区用电自给自足，实现能源绿色转型；统筹考虑乡村级充电网络建设和输配电网发展，做好农村电网规划与充电基础设施规划的衔接，在东部地区配合开展充电基础设施示范县和示范乡镇创建，构建高质量充电基础设施体系，服务新能源汽车下乡。

（本章撰写人：王轶楠、陈星彤　审核人：代红才）

附录 1　典型国家/地区能源互联网相关政策发展历程

国家/地区	2016年	2017年	2018年	2019年	2020年	2021年	2022年	2023年
美国	发布《综合能源系统研发法案》，支持综合能源系统研发应用，推动综合能源系统技术突破应用和标准制定范围应用			发布税收减免计划，为开发可再生能源项目的纳税人提供税收减免		发布《综合能源系统：协同研发机遇》，明确综合能源系统关键研究重点	启动《建设更好电网倡议》，旨在加强电网基础设施建设，提高电力系统"韧性"	发布《美国国家清洁氢战略与路线图》，为首个国家清洁氢战略路线图
欧盟	发布促进欧洲清洁能源发展的一揽子措施，旨在实现能效优先，推动建立全球可再生能源发展中的领导地位，为用户提供公平交易环境		提出"综合景景"，建立2050愿景"，建立低碳、安全、可靠、经济高效、以市场为导向的泛欧综合能源系统		发布《欧盟能源系统一体化战略》，重点在发展利用太阳能生产的氢能等关键技术，为欧盟的绿色转型构建基础框架	发布《欧洲气候法》，建立一个框架，在2050年实现气候中和	发布《2022—2025综合能源系统研发实施计划》，围绕电力系统集成、欧洲电力市场建设、数字化解决方案等应用场景实施创新优先项目	发布《净零工业法案》，提出到2030年欧盟本土制造能力将接近净零技术部署需求的40%
日本	发布《能源革新战略》，公布了日本新战略的三大目标	发布风力发电设施开发相关税收减免办法，提出对于在陆上和海上新装风力发电设施，提供税收减免		发布《氢与燃料电池战略发展战略》，规定了燃料电池技术、氢供应链、电解技术等三领域的技术发展规划		发布《能源基本计划》（第六期），首次将氨至氨燃料作为实现碳中和的重要二次能源列入发展规划		
中国	发布《关于推进"互联网+"智慧能源发展的指导意见》（发改能源〔2016〕392号），是能源互联网的顶层设计，明确了近中期中国能源互联网发展的两个阶段	发布《关于开展电力现货市场建设试点工作的通知》（发改办能源〔2017〕1453号），国内电力现货市场建设工作启动，为能源互联网快速发展提供市场机制保障	发布《清洁能源消纳行动计划（2018—2020年）》（发改能源规〔2018〕1575号），提出清洁能源消纳目标，促进清洁能源消纳奠定基础	发布《关于加强能源互联网标准化工作的指导意见》，提出能够支撑能源应用发展和现有的标准化体系，支撑能源互联网建设和技术推广应用	发布《电力中长期交易基本规则》（发改能源规〔2020〕889号），对《电力中长期交易基本规则（暂行）》（发改能源〔2016〕2784号）进行了修订	发布《中华人民共和国国民经济和社会发展第十四个五年规划和2035年远景目标纲要》，提出构建现代能源体系，补互济和智慧能源网节，加强源网荷储互联接，加快新型电力系统建设	发布《"十四五"现代能源体系规划》（发改能源〔2022〕210号），提出统筹能源安全稳定运行，加快电力系统数字化，建设迭代发展，推动新型电力体系升级和新型应对型电力系统全面升级，储备储能接，提升新型储能应能力，加强能源网荷储互联接，提高清洁能源消纳能力	发布《关于加快推进能源数字化智能化发展的若干意见》（国能发科技〔2023〕27号），提出到2030年，能源系统各环节数字化智能化创新应用体系初步建成，能源创新型新应用体系，能充分激活，数据要素潜能，能源数字化智能化约能运行模式创新，一批能源数字化智能化发展的共性关键技术取得突破

附录2 中国能源互联网国家标准进度

GB/Z 41237－2022《能源互联网系统 术语》
GB/Z 41238－2022《能源互联网系统 用例》
GB/T 41236－2022《能源互联网与分布式电源互动规范》
GB/T 41235－2022《能源互联网与储能系统互动规范》

20160505－T－524《能源互联网系统-智能电网与热、气、水、交通系统的交互》现阶段正在征求意见
20160496－T－524《能源互联网与电动汽车互动规范》，现阶段正在征求意见

2016年	2017－2021年	2022年	2023年

20160501－T－524《能源互联网系统-架构和要求》，标准正在起草
20160504－T－524《能源互联网数据平台技术规范》，标准正在起草
20160499－Z－524《能源互联网系统-总则》，标准正在起草
20160765－T－524《能源互联网交易平台功能规范和技术要求》，标准正在审查

GB/T 42320－2023《能源互联网规划技术导则》

参 考 文 献

［1］ U. S. Department of Energy. Advancing Offshore Wind Energy in the United States ［EB/OL］. ［2023 - 7 - 17］. https：//www. energy. gov/sites/default/files/2023 - 03/advancing - offshore - wind - energy - full - report. pdf.

［2］ U. S. Department of Energy. U. S. National Clean Hydrogen Strategy and Roadmap ［EB/OL］. ［2023 - 7 - 17］. https：//www. energy. gov/eere/fuelcells/us - national - clean - hydrogen - strategy - and - roadmap - video - text - version.

［3］ European Commission. Net - Zero Industry Act：Making the EU the home of clean technologies manufacturing and green jobs ［EB/OL］. ［2023 - 7 - 17］. https：//cyprus. representation. ec. europa. eu/news/net - zero - industry - act - making - eu - home - clean - technologies - manufacturing - and - green - jobs - 2023 - 03 - 16 _ en.

［4］ 日本内阁 . Fusion Energy Innovation Strategy ［EB/OL］. ［2023 - 7 - 17］. https：//www8. cao. go. jp/cstp/fusion/230426 _ strategy. pdf.

［5］ 国网能源研究院有限公司 . 国内外能源互联网发展分析报告 2019. 北京：中国电力出版社，2019.

［6］ 黄宣旭，练继建，沈威，等 . 中国规模化氢能供应链的经济性分析 ［J］. 南方能源建设，2020，7（02）：1 - 13.

［7］ 张晴，张璐，郑佩玉，等 . 能源区块链标准化现状与展望 ［J］. 中国标准化，2021（23）：99 - 105.

［8］ 孙宏斌，郭庆来，吴文传，等 . 面向能源互联网的多能流综合能量管理系统：设计与应用 ［J］. 电力系统自动化，2019，43（12）：122 - 128＋171.

［9］ 彭雪婷，吕昊东，张贤 . IPCC AR6 报告解读：全球碳捕集利用与封存（CCUS）技术发展评估 ［J］. 气候变化研究进展，2022，18（05）：580 - 590.

［10］ 施耐德电气 . GreenLys：智能电网如何变得更智能（白皮书）［R］. 2014.

[11] 国网浙江省电力有限公司. 国网浙江电力启动丽水全域零碳能源互联网综合示范工程建设 [J]. 农村电气化, 2021 (08): 16.

[12] 全国信标委智慧城市标准工作组. 零碳智慧园区 2022 白皮书 [R]. 北京: 全国信标委智慧城市标准工作组, 2022.

[13] 潇湘晨报. 光伏点亮"零碳乡村"携手助力乡村振兴——国家能源局引进公司帮扶通渭县孟河村综述 [R]. 2022-05-19.

[14] 颜拥, 陈星莺, 文福拴, 等. 从能源互联网到能源区块链: 基本概念与研究框架 [J]. 电力系统自动化, 2022, 46 (02): 1-14.

致　　谢

《能源互联网发展分析报告　2023》在编写过程中，得到了能源电力领域多位知名专家的大力支持，在此表示衷心感谢！

诚挚感谢以下专家对本报告的框架结构、内容观点提出宝贵建议，对部分基础素材及数据审核把关（按姓氏笔画排序）：

王　楠　白　恺　孙轶恺　李庆熙　李相俊　杨　强　吴林林　宋璇坤

张　旭　张　沛　张晓东　张　翼　孟晓丽　倪识远　谢海鹏